动人心扉的对话法

TOUCHING DIALOGUE
THE HEART

［韩］尹治英　著
施健　译

光明日报出版社

图书在版编目（CIP）数据

动人心扉的对话法 / (韩) 尹治英著；施健译. -- 北京：光明日报出版社，2015.3

ISBN 978-7-5112-7968-2

Ⅰ. ①动… Ⅱ. ①尹… ②施… Ⅲ. ①对话－人际关系－通俗读物 Ⅳ. ①C912.1-49

中国版本图书馆CIP数据核字 (2015) 第031810号

版权登记号：01-2015-1541

动人心扉的对话法

著　　者：【韩】尹治英　　**译　　者：**施　健

策　　划：双螺旋文化
责任编辑：黄海龙　　**责任校对：**傅泉泽
装帧设计：7 拾 3 号　　**责任印制：**曹　诤
特约编辑：唐　浒　杨　磊　　**特约技术编辑：**张雅琴　沈永勤　杨　骏

出版发行：光明日报出版社
地　　址：北京市东城区珠市口东大街5号，100062
电　　话：010-67078248（咨询），67078870（发行），67019571（邮购）
010-63497501、63370061（团购）
传　　真：010-67078227，67078255
网　　址：http://book.gmw.cn
邮　　箱：gmcbs@gmw.cn
法律顾问：北京德恒律师事务所龚柳方律师

印　　刷：北京中印联印务有限公司
装　　订：北京中印联印务有限公司
本书如有破损、缺页、装订错误，请与本社联系调换

开　　本：700×960mm　1/16
字　　数：95千字　　**印　　张：**13.5
版　　次：2015年5月第1版　　**印　　次：**2015年5月第1次印刷
书　　号：ISBN 978-7-5112-7968-2

定　　价：38.00元

目录

生活如同甩出去的飞镖。我们说过的话、做出的事，总会在某一天，得到相应的结果。

并且，必会准确命中，让人无所遁隐，也无路可逃。话语隐藏着某种神奇的魔力，所以，把你希望的话重复一遍又一遍，使自己梦想成真。

——佛罗伦萨·斯科维尔·希恩

第2章 含有感情的话语

恰当地用字极具威力，每当我们用对了字眼……我们的精神和肉体都会有很大的转变，就在电光石火之间。

——马克·吐温

第3章　克服畏惧和自卑感

总是费心发现他人的优点，就能把罪人转变为圣人。

——《犹太法典》

第4章　给人以梦想和感动的对话

> 以夸张应对夸张，才华横溢的话也要择机而言，这才是智慧之道。
>
> ——巴尔塔沙·葛拉西安

第5章　话语是打开人生的钥匙

人通过话语来评价对方的品行。无论是否愿意，你说的话都如同在对方面前刻画自我肖像。

——爱默生

沟通、共鸣及愈合

笔者作为话语艺术的专家，常常备感语言的强大威力。确切来讲，语言不仅让人神采奕奕、精神抖擞，还能活血顺气、缓解疼痛。

换言之，语言不仅是沟通的工具，更有不可估量的影响，给人以出乎意料的惊人效果。

从NLP（语言神经工程）层面来看，语言表达思想，思想传递情意，即：语言产生情意。一方面，语言表达的思想，在一定程度上影响人体免疫系统的运转和身体健康；另一方面，人们在生活中说过的一些话语，也常常转变为现实，这可以称之为预言效果。所以，韩国俗语中才会有这样一句话："话语是一颗种子。"从字面理解，即说过的话，如同即将发芽的种子。中国人常称之为"说你所做，做你所说"。

某些人习惯重复使用某种特定的表达，这着实让人深感惋惜。当然，并非不能使用这些特定短语，事实上，这些短语往往在我们不经意间脱口而出。细想一下，假如这些脱口而出的词语，正是"要命"、"烦人"、"讨厌"等带有负面情绪的话语，那将给我们的人际交往和生活带来多大的消极影响呢？

为什么这样说呢？简而言之，是因为在说这些话的瞬间，人体自身会调整语言的使用状态，身体状态也会随之改变。更何况，人体在无意识条件下形成的这种恶习，会逐渐侵蚀我们的思想。最终，我们使用的语言，在无形中形成了对他人的某种杀伤力。所以，我们必须谨言慎行，以免祸从口出。

语言既可作为表达某种思想的窗口，又决定着该思想的发展方向。若想养成积极的表达习惯，首先要留意自己平时常说的话。倘若发现使用的否定词语偏多，那么就得开始培养积极、肯定的表达习惯。一旦语言习惯向积极的方向改变，思维方式自然而然也会随之改变，最终将会带给人更加圆满的结果。

毫无疑问，语言是具有自我力量的，它是世间流动着的能量之源。

语言作为实质性的能量，它具有感召力。美洲印第安人有一句至理名言："把你所想的重复一万遍以上，你就会逐渐成为你所想的那种人。"因为我们所说的话语支配着大脑，而大脑恰巧决定着我们的行为。

正如谚语"舌为利害本，口是祸福门"所说，具有感召力的话语引领着我们的生活。哲学家海德格尔曾说过："人活在自己的语言中，语言是人'存在的家'，人在说话，话在说人。"

更为重要的是，语言具有治愈力。如果有一个人始终站在你的立场，听取你的意见，赞成你的行为，那你便会觉得心境安适。而且，当你向他人吐露愤怒、憎恶、委屈的一瞬间，你也许会幡然悔悟，原来自己也有过错。坦率地说出自责感、负罪感、缺点、羞耻、失败等各种负面情绪，才能获得心灵的自我解放。这种真挚对话引起的共鸣，是自我治愈的强大源泉。

如此，内心积攒的委屈、不安等情绪会渐渐消散，心灵受到洗涤，压抑的情感疙瘩会通过行动或话语抚平，精神上的平衡、安定得以渐渐恢复。

我们经常说的创伤是指经历某个事故后，人受到肉体或精神层面的打击而引发的后遗症。因此，在发生与留给自己创伤的事故相类似的情况时，人就会变得焦躁不安。在心理学领域，受到精神性创伤或留下永久性残疾的打击，一般会伴有清晰鲜明的视觉形象。治疗此类创伤的方法，不是通过隐藏当时的事故，而是通过语言把它释放出来（自我解放），从而到达治疗目的。

这种情况，即使认为语言左右着我们的生活也并不为过。更何况，现代人因为变化无常的现实生活及不可确定、不可预知的未来，引起各种的压力，逃避、萎靡的生活状态渐渐凸显。因此，沟通和治疗必将成为当代社会非常重要的关键词。

现在使用较多的词是“沟通”二字，比如“人与人之间沟通”、“隔代沟通”等。“沟通”一词在英语中表达为Communication。这个单词由含有“一起”意义的Comm与含有“一个”意义的Uni组合而成，即合二为一之意。

汉字“沟通”一词由“沟渠”的“沟”与“心灵相通”的“通”组成，寓意为：挖掘出一条水道水就活了，沟通也如这流水一般在心田间自由流淌。若闭塞不通，则如一潭死水，毫无生机。倘若一个人关闭了心扉，那他的生活就像是黑白电视，从此与丰富的色彩绝缘。打开紧锁的心扉，勇敢地展现自己，这样才能做到开诚布公地对待他人。这就是沟通的真正含义。

另外，“沟通”这个词语还暗含共鸣之意，即感同身受。比起沟通而言，感同身受显得尤为重要。要做到这一步并不容易，必须要学会站在他人的立场上换位思考，并且能够细致地感受和领悟。由此可见，只有对对方满怀爱意与关怀，才可能达到此等感同身受的效果。

我们活着的一个重要目标是“快乐”。有时候，即使是付出和牺牲也能让人乐在其中。快乐来自哪里？其实，快乐是源源不断的。体育、音乐、书籍、电影等，都能给人带来零零碎碎的快乐。快乐大部分来源于能刺激人类生活的事物，但这些事物有时也会产生副作用。凡事过犹不及，不懂节制就会产生问题。一失足，就会像中毒般深陷其中，难以自拔。

那么真正的快乐到底来自哪儿呢？它来自人与人之间的沟通。当然，沟通也分为两大类。关怀他人的沟通能给双方带来心灵的满足；而无法引起共鸣的沟通则是没有价值的。因而，比起怎样进行沟通，怎样引起对方共鸣显得尤为重要。当然，在人际交往中，引起共鸣并不容易。沟通依存于人际关系，共鸣则需要关爱作为养分。也就是说，只有爱才是打动心灵的良方。让我们一起了解一下那些能引起共鸣，并能使人进行自我修复，回到健康生活状态的“治愈”型话语吧！

我们总喜欢等待初雪，为什么呢？因为我们期盼和心爱的人一起迎接美好事物的到来。能和心爱的人一起做某件事，这难道不是一件让人倍感幸福的事吗？无论去多美的地方旅行，只有和爱的那个人一起前行，快乐才会加倍，幸福才会更甜。日常生活中的小欢喜，也只有和某人分享，幸福感才会更加强烈。让我们一起打开能引起我们共鸣的话语艺术的大门吧！

尹治英

2013.5

第 ❶ 章

设计生活语言

生活如同甩出去的飞镖。我们说过的话、做出的事，总会在某一天，得到相应的结果。

并且，必会准确命中，让人无所遁隐，也无路可逃。话语隐藏着某种神奇的魔力，所以，把你希望的话重复一遍又一遍，使自己梦想成真。

——佛罗伦萨·斯科维尔·希恩

话语为什么重要

曾有个书生，为参加科举考试，骑着马向汉阳方向走去。在路上，他偶然遇到了一个算命先生。书生担心此次行程是否顺利，请算命先生给他算一卦。先生便指着马说："倘若这匹蠢马放三次屁的话，你就会一命呜呼了。"

书生听了算命先生莫名其妙的话感到很生气，带着一肚子火继续赶路。但是，算命先生的话不时在书生脑中萦绕着，一路上，书生神经紧绷，一直留意着马是否放屁。定心一想，"咯噔"把自己吓了一大跳，赶忙捡起一块石头，往马肛门处一塞，想要阻止马放屁。

但是，没走多久，马已经放了两次屁，堵住其肛门的石头也飞出去好远。书生内心焦躁不安，索性找了块大石头，把马肛门堵得死死的。万幸，很长一段时间，马走得还不错。但仍然不放心的书生从马背上下来，想再次确认一下石头是否依旧堵得好好的。不看倒好，一看可真出了大事。就在书生弯腰对着马屁股的一瞬间，马突然使劲地放了一个长长的屁，强大的冲击力把大石块猛地弹了出来，恰巧砸到书生脸上。书生最终真的一命呜呼了。

是啊，如果书生就这样直接去汉阳的话，也许什么事也不会发生。却没想到，算命先生的一句话竟埋下了如此大的祸根。虽然这是很久之前的故事，但在现实生活中，一句话成为祸根的事情也屡见不鲜。可见，话语就像魔法一样，有着神奇的力量。

话语有四种力量，包括感召力、牵引力、成就力和破坏力。通俗来讲，即：激励的力量、引导的力量、成功的力量与破坏的力量。

第一，印刻在大脑中的感召力。有一个脑科学家曾声称："人体98%的脑细胞都受话语支配。"一些人每天都会大喊："我可以做伟大的事情。我的体内隐藏着未知的能量。我到现在为止还没有发挥出无限可能！"

像这样每天反复说同样的话，内心就会激荡起莫名的自信与激情。这样的人，最终必会成为干大事的人。

第二，拉扯的牵引力。话语具有引发行动的力量。说话之后，大脑首先进行感知，感知后开始支配人体脊椎，之后脊椎指导行为。所以，话语传达到大脑，然后引领个体行为。你若说"我能做到"，那你便能做到；你若说"我做不到"，那你便真的无法做到。所以才会有"言行一致"这样的说法，不是吗？这让我们充分了解到，生活中要以积极肯定的态度进行表达。

第三，达成某件事的成就力。

一位青年来找著名的经营学者诺曼·文森特·皮尔博士。

“博士，请问我要怎么做，才能干好销售呢？”

皮尔博士拿出一张小卡片，让青年记录下自己说的话。

“我是一名优秀的销售人员。我是销售专家。我已经做好了一切准备。我就是专业人士。我会把顾客当成自己的朋友。我会立即行动。”

皮尔博士让他随身携带此卡片，像背订单一样反复吟诵。青年立即照着博士的吩咐做了。没过多久，奇迹真的发生了。凭借着积极的话语，青年成为一位能力出众的销售人才。

第四，强大的破坏力。事实上，我们经常会不经意间莫名其妙地说出一些消极的话。人活在世上，总会有疲惫的时候。这时，你说着“太累了”、“该放弃了”、“让人抓狂”、“不适合”等话语，反而会把自己的人生变得了无生趣。所以，人生的乐趣常常是被自己破坏掉的。

所有的人生都不是从一开始就被设计好的，而是取决于我们听着怎样的话成长，说着怎样的话生活。

选择高效话语

第二次世界大战时，英国著名首相丘吉尔的一番激情演讲，展现出了他卓越的语言才能。他的著名演讲号召英国人民把危机转换为“绝好的时机”，鼓舞了人心，给人们带来了莫大的勇气。他和英国人民一起，把希特勒自诩为天下无敌的妄想砸了个粉碎。

我们所获得的绝大部分信念都是随话语生成，随话语改变的。领导人权运动的马丁· 路德·金曾怀着迫切的愿望，写下了脍炙人口的《我有一个梦想》：

“我有一个梦想。我梦想有一天，这个国家将会奋起，实现其立国信条的真谛。”

这篇感人至深的演讲使人们的心田流过一股暖流，深深地打动了人心。

我们都知道，在历史长河中，伟大演讲家们的话语有多么的动人心扉。但鲜为人知的是，话语在促进自身行为时，给人带来的莫名感动与敢于挑战的勇气。

说话重在选择。选择正确的话语，能引人入胜；而选择错误的话语，却会在瞬间摧毁良好的关系。例如，细想一下“讨厌做”、“讨厌学习”等与“讨厌”或“不满意”有关的习惯用语，再想一想“好”、“满意”等积极的用语，就能在瞬间感受到两者的巨大差异。

另外，使用含有丰富情感的话语，就像变魔术一样，能改变自己及他人的情绪状态。例如，比起“没有要批评的地方”、“做得很好”会给予人更强烈的舒适感。词汇缺乏的人，在生活中也会过得贫乏。相反，词汇丰富的人情感也比较丰富，生活自然绚丽多彩。

习惯性话语，即为了描述生活情感而频繁使用的语言，即使稍微改变一点点儿，也能改变一个人的感受方式、思考方式，甚至生活方式。

人类的思考方式分为两种：一种是以积极的态度看待事物，另一种则是以消极的态度看待事物。前者被称为PMA，后者被称为NMA。所谓PMA，即“否定式的思考方式”。肯定式的思考方式PMA是成功哲学家拿破仑·希尔的基本观念。

这两种思考方式中，根据个人采取方式的不同，会对其人生或事业成败产生巨大的影响。由于人生与自我意识毫无关系，所以被哲学家称为“舍弃的存在”。人虽然对自我意识毫无办法，但是，以积极的态度努力生活，必会活出美丽新天地；以消极的态度对待生活，一般来说，生活往往也会不尽如人意。

一句话改变人生

我们常常因为一句话获得巨大的勇气，但也常常因为一句话感受巨大的伤害。暴力只是靠力量或武器施加的压迫，而语言暴力却往往给人留下难以愈合的伤口。

这是40余年前的事情。庆尚北道庆州有一个心怀漫画家梦想的少年。

他一有零花钱，就会飞奔到学校后门附近的漫画店去看漫画。一天，少年被一本漫画深深地吸引。主人公帅气的面孔总在少年的脑海里挥之不去。于是，他瞒着店主大叔偷偷撕下了一页漫画。回到家后，他便反复临摹主人公。

刚开始，少年因为强烈的罪恶感，根本不敢出现在漫画店附近。时间一长，他感到店主大叔似乎并没有发现他的行为，便又开始去漫画店偷偷地撕漫画。为了练习画漫画，从一开始的一张、两张，直到后来竟然大胆地撕了十张以上。

一天，正当少年小心翼翼地撕漫画时，大叔却朝自己走来。因为害怕，少年紧紧地闭上了眼睛。没想到，大叔抚摩着少年的头，说道：

“你就是那个梦想成为漫画家的孩子啊？”

少年眼中噙着的泪水难以抑制地流下来。20余年后，少年果真成了著名的漫画家，他拿着自己画的人气漫画——《昂扬的国外球队》，重新去找小时候的那家漫画店。令人遗憾的是，漫画店已不复存在。

“要不是小时候遇见的那位漫画店大叔，我还能成为现在的我吗？”

他热泪盈眶地喃喃自语。这是漫画家李宪世的故事。我们用语言进行沟通，语言也能带给我们力量和勇气。

那些因伴侣随意说出的话，而受到伤害的人们，自己也会轻易地说出这样的话语：“这是在和乞丐说的话么”、“像对待大罪人一样”，等等。事实上，比起对方说话的内容，对伴侣以何种方式表达，以及自己的直觉感受到愤怒的情况更为常见。我们总是对对方的语气特别敏感，却往往忽视自己的说话语气。要知道，自己使用的语气及说出的话语，也同样会让人感到很受伤。

沟通，能让人们获得安慰及快乐，也能让人感到痛苦和悲伤。所谓沟通，是坦率地说出自己的内心想法，下定决心和对方一起走下去的诺言。虽然，我们时而争吵、时而互相关爱、时而埋怨对方，但这些并不重要。重要的是，从此，让我们一起坦率地面对以后的人生。

话语即事业

大部分人只是把话语当作将自己的想法或知识传达给他人的手段。其实，话语是从信息交换开始，把自己的主观意见与他人的阐述相结合，得到最好结论的过程。

即使阐述一些日常生活中最常用的话语，根据要点是否表达明确，也会产生成功或失败的巨大差异。所有的对话中都暗含着说话者的思想、情感及个人见解。

人们通常认为，把自己的见解告知对方，能进一步坚定自己的想法，同时也是向他人展现自己能力的一种方式。但是，对绝大多数人而言，如果承认他人的想法比自己的更合理、更优秀，也就意味着承认自己在某些方面不如他人。这其实是人们的一种错误认知。环顾四周，大到会议室、法庭，小到家庭餐桌上，这种情况不都能轻易看到吗？所以才会有嗓门大的人更容易在对话中占有优势这样无知可笑的认知，不是吗？

一般而言，如果在对话中可以说服别人认可自己的观点是正确的，那就能在关于对方的言论是否正确的辩论中获取胜利。所以，比起承认互相之间的见解差异及探求新的见解，很多人更喜欢强势地表达自己的观点，想方设法地让他人认同自己的观点。在辩论中，比起慎重地研究他人的见解，人们首先考虑的往往是如何反驳。所以人们更偏向于与问题核心毫不相干的“自我发言”。

假如，推销产品的销售人员在对话中也是如此，会产生怎样的结果呢？作为一个优秀的销售人员，不仅需要与顾客单纯地交换产品和金钱，还需要与顾客进行情感沟通。即，与顾客打下良好的合作关系，把握顾客的需求和期盼。

杰尔·丁教授这样说：“信赖是销售的基础。单纯以销售为目的进行的商务活动，难以建立起人与人之间的信赖感。要构建把他人放在第一位的相互关系。我认为的销售，并非是两个企业主体间的结合，而是两个个体间的相遇。”

销售人员每天要访问无数顾客，用电话确认无数语音留言，查看无数封邮件，当然很容易陷入重复的固定模式中而忘记销售的基础。但是，退后一步，细细考量，便会发现：和顾客的相遇，除了能得到你所期望的生意，更能获得杰尔·丁教授所描述的个体相遇后美妙的人际交流。所以，构建良好的人际关系，比达成下单量或完成业务报告要重要得多。

销售人员既不是营销工具也非人际关系的专家。他们真正的作用在于让顾客更好地了解公司的产品，他们所带给顾客的产品要让顾客感到生活上的便利舒适、心灵上的满足。为此，我们最需要的是什么呢？当然是精彩的演讲，即动人心扉的话语艺术。

话语即生活方式与面貌

“话”拉长发音即“话儿”，也就是话的细粒。这是什么意思呢？就是指从某人的思想中产生的并在此基础上引发的个人行为。脸蛋再漂亮，说出的话不中听，身价也会立即一落千丈。通过一个人的话语，我们便能了解此人的人格。

所谓对话，就需要有说话的对象。如果没有可以相互交流的对象，人就会备感压力。对于孤寡老人而言，更是如此。

“一天到晚没人陪我聊天，心里太闷了。”

我想起了说过这句话的一位奶奶。在这样的一些老人中，有些老人时常会自言自语。这就是因为没有说话对象而引发的症状。没有人陪着说话，真的会让人处于孤独可怜的境地。

有些人说的话井然有序又非常符合逻辑，说服力极强。但是如果其中夹杂着谎言，无论说得多么动听，也会失去他人的信任，更容易使自己成为双重人格者。

还有这样的情况：年幼的孩子把对父母说话时使用的敬语，用在自己身上时，经常闹出笑话；长期在国外生活的年轻侨胞们在理解我们说的话时，也经常会感到尴尬，并常有理解错误的情况。因此，在相互沟通时，造成误会的情况是很常见的。

不久前，一位牧师从一对夫妇那儿听到过这样的事情。母亲和在职场上班的儿子聊天时，为了表达爱意，对儿子说："哎呀，我的小崽子啊。""为什么骂我啊？"儿子问。不管母亲如何努力解释，儿子都坚持认为"崽子"是骂人的话。那些在国外生活的侨胞二代听到这种话时，不知道会误解成什么样子。因而，说话一定要谨慎。

另外，一句无心说出的话也可能伤害到别人。一句不注意的话常常会造成夫妻之间或是婆媳之间的矛盾。因此，请不要把在外面积攒的压力带回家，随意对自己最爱的家人发泄。动听的话、善良的话也需要练习才能说出。时刻谨记，气头上的一句话可能会引发巨大的矛盾。

在对话中互相倾听对方的话语，是形成高尚人格的过程。话语具有习惯性，经常说的话语就会转变为口头禅。没有品位的人经常说没有品位的话，总是对他人唠叨不停，却不懂得倾听对方的意见。喜欢诽谤的人无时无刻不在诽谤他人。比起抢着说一堆不被接受的意见，懂得学会倾听他人的话语，才能减少失误，提升人格。

说强有力的话

语言表达人们内心的情感。内心黑暗的人说话往往不堪入耳；内心狭隘的人说话总是冰冷无情；内心阳光的人说话则是积极向上的，因为他们通常用积极乐观的心态看待整个世界。相反，那些消极、忧郁的人常会感到生活艰辛、世界苍凉。

有这样一则寓言：森林里住着一只黄蝴蝶和一只白蝴蝶。黄蝴蝶经常会碰到一些喜事，所以总是很快乐；而白蝴蝶经常碰到一些倒霉事，所以总是很忧伤。当它们共同的朋友凤蝶作为奉献精神的代表得到森林里的表彰时，黄蝴蝶以作为凤蝶的朋友而感到自豪，但是白蝴蝶却认为凤蝶比不上自己，不应获此表彰。

大雨持续了好几日，蝴蝶们都蜗居在家。停雨后，蝴蝶们纷纷飞出家门，相互问候。白蝴蝶说："家里发了潮到处都是霉味，真是难受死了。什么破雨，竟然下了这么久！"黄蝴蝶却说："下了这么久的雨，屋外被冲洗得真干净啊，还能闻到久违的芳香。瞧啊，大雨过后，花儿们都长大了呢，真是漂亮！"

即使面临相同的境况，积极和消极的想法却会左右我们的语言，传达出所谓的快乐和悲伤的情感差异。任何人都是在自我交流下生活的，并无时无刻不在思考。我们的心通过自我交流，以语言和情感的方式表达出来。心态非常重要，它主导个人的内心世界，积极乐观的心态能够丰富我们的情感，提高生活质量。

有个故事说：村里的男子们出海，所有人都乘着小船驶向了遥远的大海。没多久，猛烈的风暴就侵袭而来，天色立刻灰暗下去，船却丝毫没有驶回的迹象，家属们都倍感焦虑。令人头疼的是，村里的一户人家偏在此时着起了大火。全村的妇女孩子都赶了过来，齐心协力，好不容易把大火扑灭。没想到，没过多久，男子们竟驶着船全都平安归来。

家人们欢天喜地地询问大家为何迟迟不归时才知道，原来突遇风暴的船在黑暗的大海上迷失了方向，徘徊于生死间。大家都想起了家人，互相鼓励，忽见远处有巨大的火光。于是他们朝着火光的方向迎风驶来，最终转危为安，回到了渔村。

也就是说，村里的一场大火反而让出海的船只化险为夷。当船在大海上迷失方向时，大家没有放弃希望，而是互相鼓励，才等到了救命的火光。像这样无论遇到多大的困难，都能以积极乐观的想法和话语鼓励自己，我们必会迎来转祸为福的机会。而相反，总是以消极的态度来思考的人是很难转危为安的。

动人的话语如同祝福

日常生活中，有一些我们最该说却经常说不出口的话。它们常常被人们称为“创造奇迹的话语”，主要有以下四句：

第一：对不起。

第二：没关系。

第三：谢谢你。

第四：我爱你。

这些是常见、常用的话语。但是，很多人说这些话时，都是象征性地一带而过。想要听到某人发自肺腑地、饱含真心地说出来并不容易。另外，绝大多数人在生活中都不愿轻易向他人道歉。道歉就如同承认自己的某些错误或在某些方面不如他人，强烈的自卑感会由此而来。所以一句“对不起”，常常成为人们想说却又难以启齿的话。比如，发生车祸时，比起承认自己的错误，更常见的情况是指责对方，借此回避自己的错误，这样往往会引发双方争吵甚至是大打出手。

尝试着说“对不起”“没关系”，向对方敞开心扉，就能很顺利地找到解决各种事情的方法。俗话说：“伸手不打笑脸人。”勇于承认自己的错误，积极寻求最圆满的结果，互相道声“谢谢”，各自笑着离开，这多好哇！生活中的许多人却常常因为不愿承认错误，顽固到底，最终引发斗殴，两败俱伤。相比之下，这是多么糟糕的结果！

谁也不会招惹经常笑着说“谢谢”的人。让我们尽量多地使用“谢谢”、“请原谅”、“宽容”、“爱”这些充满关怀与谅解的短语吧！这样，一切难题都会迎刃而解，我们身边也只会发生令人愉快、幸福的事情。顺理成章，那四句短语被人们称为“创造奇迹的话语”。

为什么要说漂亮话

三“口”即成一“品”。话从口出，说话也是一门艺术。俗话说：“口结仇，耳交友。”如此看来，我们需要管好自己的嘴巴，倾听他人的言语。犹如杂草衬花，漂亮话听多了自然觉得草花俱香。相同的话语根据不同的表达方式，传达出的气质、散发出的韵味也截然不同。好比将“木棍”称作“拐棍”，这才叫一句话说得让人跳，一句话说得让人笑呢！

好的话语能稳定彼此关系，良好的关系能推动生意进展，稳固的发展能促进一生一帆风顺。因此，才要采用“对话”而避免“舌祸”。

芸芸众生皆是口含利斧出生，愚昧的人不知如何管好自己的嘴，最终被自己的利斧弄得伤痕累累。

国外有这样的格言：“一句不经思索说出的话不但会给他人带来无法挽回的伤害，同时也会给自己招来毁灭性的结局。”

曾有一位演员因一句口误“该公司要破产了”，而遭受30亿诉讼赔偿。就这一句简单的话语让该化妆品公司形象受损，遭受巨额损失，事发者也为此被追究民事及刑事责任。

说出去的话如泼出去的水一样收不回来。法国有谚语说道：“刀割的伤容易愈合，话割的伤却一辈子难以康复。”舌和笔造成的伤害竟具有如此巨大的破坏力。我国也有“良言一句，可抵千金”，“言行在于美，而不在于多”等俗语。这些话都指出，话语在人际关系中充当着多么重要的角色。

每个人爱好不同，性格不同，表达方式也不尽相同，偶尔说一些违心的话在所难免，发表评论、批判，甚至在背后诋毁他人是常见之事。此外，因关系亲密而随意搬弄他人是非的话也是极其愚蠢的。虽是套用他人言语，但往往却是祸从口出。

养成良好的语言习惯

一位母亲带着5岁的孩子找算命先生看相。先生说这孩子异常聪颖，将来必成名人，可惜命短，只能活到43岁。孩子也听到了这话。

正如预言一样，孩子长大成了名人，年到40，却开始因为小时候算命先生的话语而焦躁不安。由于过分焦虑沾染上了毒品，最终因药物中毒在43岁那年离开了人世。他就是曾经闻名世界的埃尔维斯·普雷斯利。

话语支配着人们的内心。为了自我和他人，使用积极的话语比起消极的话语要得当得多。据统计，在16岁之前，人们所接收到的有关自己的消极信息高达17.3万条。相对而言，积极信息仅为1.6万条。平均下来，一天所听到的消极信息为29.6条，而积极信息仅为2.7条。

如果就此放任不管的话，人们说消极话比积极话要容易得多。对于一切都往消极方面想的人而言，人生最终只能以悲剧收场。消极地对待一切，并且以压抑方式思考的人，患上心脏麻痹症的概率比普通人要高出四倍。

使用积极的话语便会产生积极的效果，能用乐观的心态面对一切。积极的话语支配着人的思想，决定着人生的方向，并带给人具有创造性的、富有成效性的、融洽的人际关系。

在处理人际关系时，对他人的优点予以肯定比消极的指责要明智得多。处理现实的事情时，积极的话语不但让人感到满足和安稳，也带给人快乐和幸福，以及对未来美好生活的希望和信念。

语言习惯让人际关系更广泛、更深厚

有一个人非常擅长演讲。这天他刚演讲完，一位著名人士便到后台找到他，询问他能够抓住听众们的心的秘诀是什么。

“先生站在演讲台前的最后一件事是什么？难道是读一下著名作家作品中自己所喜欢的标题吗？”

他答道：

“当然不是，我会摸一下裤子拉链，看看是否不留意把它打开了。”

像这种我们认为很神秘的事情，真正去了解一下的话，会发现很多时候并没有什么特别的秘诀。但是，这种看似毫无秘诀的事情，却往往饱含深意。

一个公共机关记者室内，记者们都在忙得不可开交。其中一名新闻记者非常勤快地跑来跑去接着电话。

“大哥，从老家顺利回来了吧？我想和您一起吃顿饭呢……”

“姜社长，听说中秋节时您给员工们发了不少奖金啊！干事业的人就得像您这样有业界良心，有时间的话和我一起吃顿饭聊聊吧。”

“自从前辈去了乡下后，首尔好像一下子都空了呢。听说这次的常任委员长是您担任，对吧？”

像这样接了大约30通电话的记者，认识的人涵盖商界、政界、学界。无所不识的他真是好人缘啊。他完成新闻投稿后又开始打起了电话。乍一看，他好像正做着与业务毫无关系的事情，打着毫无用处的电话，浪费着时间，但事实却并非如此。发生重大事件时，他获得信息的能力可是相当惊人的。一有时间就打电话的行为让他获得了多样性的人际关系，也正是这种人际关系使他能够获得大量的重要情报。

据他所言，他之所以成功多是因个人私事与别人交流时，一定会记下对方号码，一周后打一通问候电话，一个月后再打一通，然后每隔两月定期打一通，来维持良好的人际关系。

美国人在生意中最注重的能力之一是人际网络，即“制造人脉”。这是成功资源组合中绝对不可遗漏的投资项目。也就是说，我们要学会对外进行交流联络。世界越是急剧变化，越是需要强化牢固的便是人际关系。现在的世界已经把人力资源作为外部资源了。

你所认识的人数是决定你成功与否的重要因素之一。一个人的人际关系不好，那他便很难成事。人必须通过自己所做的事情给自己带来成功。所以，人际交流必不可少。而人际交流的第一步就是话语，也可称为对话。让我们一起看一下其中的要领吧！

提升自我形象的七种方法

1. 接受赞扬

过分的谦让也会给人带来不快。成功人士总会虚心地接受他人的赞扬。

2. 自我赞赏

如果不为自己说好话，不如不说。

3. 不把人格与行为混为一谈

一个人的行为和他的价值紧密相连。即使一不小心碰撞了他人的车，他也不会因此就成为一个坏人，只能算作一个失误而已。失误并非人格缺陷，所以要把人格和行为分开。因此，快点忘记过去岁月中不好的记忆吧！

4. 照顾身体

对于每个人而言，身体都只有一个，健康无价。我们的行为会对人体功能带来影响，所以平时要勤加运动。

5. 遵从内心，勇于表达

对于自大的人要对其进行打压。有时候我们需要积极地打压对方的气焰。比起唯命是从，我们更需要堂堂正正地说“不”。

6. 积极言行

凡事都报以积极态度的人必定会时常追逐周围的人。这样的话，周围的人肯定更容易对言行积极的人产生情意。

7. 多用感性表达

比起硬邦邦的话，人们更偏爱柔和的话；比起冷冰冰的话，人们更喜欢温暖的话；比起消极的话，人们更热爱积极的话；比起索然无味的话，人们更喜欢刺激情感、引发共鸣的话。绝大多数人更喜欢满怀情感而非理智性的话语。为了建立更加亲密的关系，使用情感式的表达会给我们带来更多、更好的效果。

沉默是金

“省着点说话”的含义是，比起自顾自地乱发牢骚，要更善于听取他人的意见。我们谈论着话语艺术这个主题，却又劝诫人少说点话，看起来虽是自我矛盾，但是，在生活中，比起说话，倾听的确更为重要。

所谓对话，就是互相倾诉与接收的一个过程。如果只是自己唠叨个不停，对方不但会感到无聊，甚至会隐隐发怒，因为实在找不到插嘴的机会。这种状况下，无论你说什么，都没有说服力，反而会让对方误认为你是个只顾自己主张，而不懂得关怀他人的人。

在职场或公共场合尤其要注意谨言慎行。无论职场氛围多么和谐，同事间的友谊多么深厚，也要做到小心慎言。如果只是一些无伤大雅的玩笑话倒也无所谓，一旦涉及到评价他人的话语时，绝对要谨慎。尤其是对方不在场的情况下，擅自进行评价绝对是一项禁忌。俗话说得好，世上没有不透风的墙。我们随意对他人做出的评价，不知道会在什么时候、什么地方，像飞镖一样重新回到我们自己身上。对于自己所不了解的人或事无条件地少说话吧！为此，平时我们要善于观察他人并加以总结。

仔细了解一下那些功成名就的人物时，就会发现，他们一般都善于倾听。语言能力卓越的人也具备诱导对方尽量多说的能力。这样，既给人留下了良好的印象，同时通过捕捉对方所说的众多信息，获取对自己有益的情报。对方所说的越多，我们就越能了解自己所不知道的常识、话题、重要信息等。另外，这样还能降低自己说错话的风险。

“省着点说话”的另一层含义则是让人慎重。有个学生问天才物理学家爱因斯坦：“教授，你能成为伟大科学家的秘诀是什么？”

爱因斯坦这样回答：“少说话，多动脑。”

埋头做事的人一般很少说话。反而是事情做得马马虎虎的人喜欢在背后诋毁他人或者破口大骂。人们从出生开始学习语言大概只花两年的时间，但是想学会沉默却要花上六十年的时间。睿智的人说话前必定会思考两遍。很多时候，祸根或灾难都是从嘴里引发的。一不小心因一句失误而引发的祸患，被称之为“舌祸”。

平时也要使用规范语言

有一种说法叫作“自我对话”，即自己与自己说话。这是指从自己的想法和语言习惯中自然而然产生的话语表达方式，一般分为以下五种标准。

标准1　否定性的自我对话

“我不行。”

“我没有这种能力。”

“我是无用的人。”

“像我这种人能做什么。”

对这种否定性的话语大家一定并不陌生。它从大脑的潜意识中产生，用错误的指示信息给我们的生活增添混乱，并逐渐磨灭我们的信心。长期的抑制作用，不仅阻碍了我们的前程，更在无形之中诱导我们甘于平庸、碌碌无为。

否定式的对话常常使我们陷于被动状态，对自己梦想中的伟大抱负或目标感到越来越费劲，并使我们与之渐行渐远。这种得过且过的安逸态度一旦在内心占据一席之地后，便会深深扎根心底，难以摆脱。如果你依旧怀有远大的梦想，依旧想成为一名成功人士，那便要学会开发自己，其中的关键就在于必须从“我做不到”这种自我否定的对话中摆脱出来。这就像是清除了通往成功大道的一块绊脚石，让你的未来畅通无阻。

标准2 寻求改变的自我对话

“我需要改变。”

“我一定得完成那件事。”

这是向自己寄予厚望的一类话语。很多时候，我们虽然承认自己需要这种改变，但是在与自己的对话中戛然而止的情况也时有发生。这是因为，我们虽然认识到了自己的问题点所在，但是却没有找到自认为合适的解决对策。所以，经常是心有余而力不足，没有任何的实际行动来进行自我改变。

“该减肥了……很难啊！”

“该戒烟了……看来我是个意志薄弱的人哪。”

“要挣更多的钱才是啊……还真是没什么挣钱的门道啊！”

像这样在不经意间，指示自己进行否定性行为的情况很多。寻求改变的自我对话，可以减弱自卑感，为达成某个目标或目的而凝聚起强烈的意志，并为自己塑造一个良好的自我形象。为此，我们必须从改变对话习惯做起。其中一个比较好的办法就是，在寻求改变之后，稍微停顿一下，说成一句完整的话。假如，决定“要减肥了”，不要就此止步，而要在后面加上一句，“要减肥了。我要从明天开始努力运动”。像这样展示出解决之道，然后使之习惯化，才会真正地得到改变。

标准3　决定改变的自我对话

这也可称为可取的自我对话。

“一定要把烟戒了。”

“绝对不能上班迟到了。”

“绝对不再拖延该做的事情。”

这种决定改变的自我对话是一个人下定决心的体现。若想承认改变的必要性并加以实行，就需要这种与自我心灵交谈的对话。并且，我们要尽量使这种下定决心的潜意识成为自己生活中的一种习惯。

只有在“戒烟”、“不能迟到”这种话语后面附加上“不要往后拖延”，并进行自我对话，把其变为一种头脑中的潜在意识，才能在别人劝你抽烟时想起要戒烟的诺言，才能将“不能迟到”付诸行动。这种不往后拖延的潜在意识，会在你发生拖拉行为时，刺激你的大脑，通过对你造成不安，进而达到提醒你行动的效果。

标准4　创造改变的自我对话

“我是……”

这是我们可以使用的最有效的自我对话。即通过刻画自己完美的新形象，对自己及其期盼的这种形象进行宣言的自我对话。

“我是一名胜利者。”

“谁都无法阻挡我前进的道路。”

“我相信自己。”

这样加以确信自己所要进行改变的面貌。假如，一个人对自己所需要做的事情磨磨蹭蹭，不断往后拖延的话，很难获得成功。

“如果我认为有做的必要，那么不管什么时候都要完成。我乐于完成自己的事情，喜欢按时处理自己的事务。”

通过这种自我对话，创造出改变。我们也可以称之为一种自我催眠。这种创造变化的自我对话，才真正能给我们带来改变。

标准5 肯定一切的自我对话

这种高层次的自我对话，与我们的实际生活没有特别大的关联。假如一个人拥有坚定的信仰，他也许这样说：“神啊，我愿做您最忠实的奴仆。”像这样为寻找与神的一致性而进行自我对话的人，他们通常也会以服侍神灵作为自己的行为准则。不管是涉及死亡还是涉及传教的勇气，他们就如同为了主人而服务的奴仆一样，一再想尽方法、竭尽全力。这种自我对话的阶段是个人的选择问题，并不要求每个人都付诸行动。

这五个标准中，我们要求自己进行实践的是第一个和第二个标准。当然，越快越好。我们要把这种否定性的自我对话尽快转化成标准三和标准四。这会为你以后的人生道路打下基础，并让一切按照你所希望的方向进行转变。这样做还能为你除去人生旅途上的绊脚石，让你朝着梦想展开更加坚实有力的翅膀。那么，我们该怎么开始改变呢？

从简单的问候开始

无论去哪个国家，只要听一听国民谈话的内容，就很容易地知道这个民族是否具有民族文化性。美国或英国人交流时，他们经常会自然而然地冒出“Thank You”这句话。日本人则经常把“是”挂在嘴边。“是”是一句既轻便又简单的话。日本民众对他人稍微感到一点点的谢意，就会马上说：“谢谢。”即使说他们是把感谢挂在嘴边的民族也不为过。听说一些人甚至把“感谢”这两个字在一天之中说了三百次以上。

那么我们国家的国民是怎么做的呢？乘坐地铁，不小心踩了他人的脚时，只会又慌又呆地傻站着看着对方，“对不起”这种歉意的话却不常说出口。有些人反而倒打一耙，责怪对方为什么不把脚让开，并恶狠狠地盯着对方，好像自己说句道歉的话，会让自己的面子受到伤害似的。虽然不是所有人都如此，但绝大多数情况下，大多都态度强硬。他们对于使用道歉或感恩的话语很是吝啬。

有一家卖干明太鱼汤的饭店生意出奇得好。他们的店员待客都非常亲切，“快请进”“快请坐”“请问您需要点些什么呢？”“请稍等一下”这种问候不绝于耳，“好的”这种回答能听到不少于五六次。放下客人所点的菜肴后，会说“用餐愉快”“不够的话，我再给您加汤或料。”结账时，“请问这次用餐还算愉快吗？”“谢谢”之类的问候不绝于耳。这种营销策略所带来的效果是，这家店的客人总是络绎不绝，简直可以称得上“人满为患”了。

感动对方的话并不是复杂而又冗长的话语，反而是这种“谢谢”、

“我爱你”、“对不起”、“我很敬重你”这种短小精悍的问候短语。对待家人也是一样，相互问候的话语使家人之间的爱更加深厚，更能为我们营造出一个和睦的家庭。先一步向他人多问候一句，对自己而言，并没有任何损失，不是吗?

不说出口的爱称不上爱

有一则关于夫妇的笑话。

一天，妻子对丈夫说：“老公，我们在一起生活已经25年了。但是除了25年前你对我求婚时说过一句‘我爱你’，这之后便再也没说过。你怎么可以这样对我呢？”

老公回答：“因为25年前的那句话依然有效。”

虽然是笑话，但是从中可以看出一个奇怪的现象，我们对“我爱你”这句话非常吝啬。即使是夫妻之间，这种话也很少说。特别是对男人而言，越是亲近的人，他的态度越是生硬。有些男人下班回家后，只是看电视或听广播，甚至连一句话都不愿多说。

妻子对老公说“老公，有件事……”，想以此引起话题进行对话的时候，老公像很厌烦似的说：“是什么啊？讲重点。”然后自顾自去睡觉。这样的男人比比皆是。这种男人都不能称为忠于家庭的男人。我们国家的男人似乎认为只有自己言语谨慎、态度强硬才能在家庭中掌握主导权。所以我们国家的男人，常常受到与妻子、儿女沟通不足的指责。

无论在心里你是多么爱自己的妻子、儿女，但不懂得通过语言表达的爱并不是真正的爱。只有这样不停地向妻子表达爱意并称赞她，她才会兴高采烈。

“我爱你。”

“你还是像以前一样魅力十足。”

“只有你在我旁边我才会感到幸福。”

对于子女也要经常给予关心，并向他们表达自己的爱。只有这样，孩子在成长过程中才不会误入歧途。

已婚夫妇中没有经历夫妻矛盾的人很少。矛盾闹大后，人们想到的一般是离婚。产生矛盾后，即使吵得很厉害，也要积极地表达自己的观点。所以，比起吵架的夫妇，没有对话的夫妇才更可怕。因为，吵架本身也是一种对话方式。

不坦率地表达自己的情感并对其加以抑制、回避的话，不安的情绪反而会加重，矛盾也会越来越深，然后只能想到离婚这个解决方法。相反，畅快地吵一架，反而能了解彼此心中的不满，内心的结也能解开，矛盾也会随之减少。

坦率地表达自己的情感不但能让双方更加愉快，而且能增强彼此间的亲密度。强忍怒火最终会郁愤成疾。只有坦率地面对自己的感情，才能获得美好的结局。

理解男女间的差异

男女有别。这里强调的不是差别而是差异，是从生物学角度源于遗传因子、脑荷尔蒙、脑细胞、神经传达物质等的差异。这就造成了男女行为及心理上的差异。另外，还有来自社会和环境的差异。

据说女婴吃奶的时候，吸一口，然后看着妈妈的脸，能吃很长时间；而男婴一般是猛吸一阵，快点吃完了就睡觉。男女从儿时起就有如此大的差异。女人一般语言能力出众，而男人则空间感较强。

女人的语言能力主要集中于左脑，右脑中虽然比左脑容量要少，但两者相互协力合作，使得语言能力出众。所以女人擅长对话交流，从事的工作和语言相关的职业为主。男人大脑中和语言相关的部位并不发达。

但是男人右脑前部有四处担当操控空间感的内容物。女人的此部位却并不发达。所以男人大多从事与空间相关的职业（建筑、数学、物理），或是体育比较优秀。空间技能是在头脑中想象物体的形态、层次、坐标、比率、运动和位置等的能力。

从小，男孩子就比较喜欢事物，而女孩子更喜欢人。所以女人更适合服务、人文社会等与人相关的职业，而男人更适合事务型的工作，如电脑、科学等职业。

男女差异数不胜数，其中有来自遗传因素的差异。假如男女同时迷路的话，男人一般会四处转着找路，而女人一般会询问路人。如果说男人因为在原始时代起经常打猎，所以能更好地看清远方，更容易集中目标；那么女人防御性则较强，更容易看清周围的情况。这是由于在长时间的历史演变中男人主要从事打猎，而女人主要从事采摘果实、树叶，这种分工不同的差异而造成的。简而言之，男人擅长看清远方，而女人擅长看清周围。

这种男女的差异在对话方式中也常体现出来。男人一般用报告式的表达方式，而女人更倾向于情感式的交流。男人一般以展现自己的能力和身份为重点，而女人一般想要与对方情感互动，或是以强调情感为方向。

男人喜欢夸耀自己解决问题的能力，并以此来展现自己强大的竞争力，感受其带来的优越感。就某项问题进行对话时，一般急于说出解决之道，这是展现自己能力的方式。

一般情况下，大家都认为女人比男人讲的话要多得多。但是，在某个把男女组成一个小组的调查中，却意外发现男人比女人的话更多。另外，对大家熟知的女人更倾向于打断他人的话语的认知，在此调查中，也显示为男人更容易打断对方。当然，关于这个调查结果，也有人指出其研究方法存在不当之处。

在意识表达中，男人使用的语言中经常会包含下流和攻击性的恶言恶语，也喜欢打断他人话语，或者自言自语。而女人倾向使用温柔善良的话语。另外，当同时处于兴奋状态或是发生激烈争论时，男女毫无差异地都会显示出与平时不一样的对话模式。现把从调查中整理出来的几项男女差异，罗列如下：

●女人是为了结下关系并维持这段关系而进行对话，对对方的见解会表现出肯定的态度，力求与其步调一致。而男人是为了解决问题或保持自己的支配力而进行对话，所以肯定性的反应比较少，而抽象性的一面更强。

●女人在对话中一般吐露自己的私生活比较多，她们喜欢长时间集中在一个主题或把对方引入到自己谈论的话题中。而男人相对于个人关系或与情感类问题有关的私生活，更喜欢讨论，对话主题也经常改变，而且喜欢把对话的主导权掌握在自己手中。

●女人虽然也行使对话主导权，但比起展示自己的能力或社会地位，更注重以友情为基础。男人喜欢在对话中进行竞争或统治，并维持自己的优越地位。

●男女通过一定的规则和对话法进行谈笑。此时，男人一般强调自己的社会地位或独立性，女人则强调个人的亲密感和连带感。因此，男女之间在对话时产生误会和矛盾的情况很多，一不小心，还可能引发口水战。

所以男女在一起交谈时，首先要理解相互之间的差异。男人不可以总说带有攻击性的言语，或总是想要使自己处于优越的地位来支配对方。女人不能过于感性化，或为了强调亲密感而偏离对话的主旨，丢弃话题的核心。双方要互相关怀及尊重，尽量不要偏离对话的主题。

家庭中的交流

四脚走兽中最为琴瑟和谐的动物被称为狍子。真正的猎人只会射单独的狍子而不会射公母在一起的狍子。空中飞翔的鸟类中，鸽子最为和谐。鸽子们起飞的时候虽然是成群结队的，但下降时必定是一对对地着陆。

夫妻之间如果想要营造幸福美满的家庭，那么彼此之间一定要互相认同，首先最为重要的绝对是情感上的认同。女人一般都对这种认同感很期待，这可以从夫妻间的对话中得悉。

从根本上来讲，男人是成功指向型的，他们对于名誉等竞争性的事情的相关需求比较大。与此相反，女人是关系指向型的，她们希望自己受到对方的关心，对得到对方爱的需求比较强烈。男人通过在一起运动或活动而产生互相间的认同感，而女人则是通过面对面的对话获得需求。所以才说，夫妻间最重要的行为是对话。

如果你想让女人在寝室中感到高兴，首先要引导对话。女人最重要的敏感区域并不是身体的某个部位，而是大脑。只有打开了心灵，身体感官才会跟着一起打开。对话就是打开心灵与身体的一把钥匙。

其次是娱乐性的亲密感。夫妻间要通过兴趣生活或运动，激起两人生活的趣味性。一个月有必要抽出时间来享受一次单独相处的感觉，可以一起旅行，一起爬山，一起看电影、歌剧、音乐会、展示会等，都能起到很好的效果。

男人很容易产生发发小火只是表现出自己强势的错觉。实际上，无缘无故的发火是中断对话、引起家庭不和的火种。夫妻关系应该是包含友情、伴侣并对等的关系。夫妻吵架多以琐碎的事情为主。只要大家互相理解、互相尊重，懂得发生问题时互相退一步，就可以营造幸福美满的家庭。可以说只有在家庭中成功的人才是真正成功的人。

唠叨是打破家庭和睦的不速之客

一个村庄中有两户人家紧挨在一起，但他们的生活完全不同。一户人家的生活无比和睦，而另一户家人之间没有一天是不争吵的。

有一天，每天吵架的那户人家拜访了他们的邻居。

“我们拜访你家是想了解为什么你们能如此和睦幸福地生活，这其中的秘诀是什么？”

“是啊，我们家几乎没有拌嘴的时候……”

此时，这户人家的女儿为了招待前来拜访的客人端出了盛满水果的盘子，一不小心掉在了地上。一时间，瓜果满地，盘子也摔得粉碎。女儿赶紧收拾打碎的盘子并说道：“哎呀，真是对不起，都怪我不小心，这才……”

此时，女孩的父母却争着说：

“不是的。是妈妈错了，是妈妈把盘子放在了那里，是我的错。”

“不是的，不是你的错，是我没放稳盘子，忘了把盘子放稳当一点了。是我不好。”

看到这样的场景，每天争吵的一家人一下子醒悟了过来。那家的爸爸说道：

“我知道你们家庭和睦的秘诀了。我们家总是为了一些琐碎的小事互相责怪，而你们家却是争着承认错误。什么叫作全家一条心、一股劲，我总算是见识到、学习到了。”

绝大多数的家庭不和都是从闲言碎语中开始的。老公向妻子抱怨，妻子向老公抱怨，那这个家庭何来幸福可言呢？

男人在外可以发泄不满，但是如果回到家还要向整天待在家的妻子发泄不满，妻子是很难忍受的。妻子也是一样的，把在外承受的各种压力全部向回到家的老公倾泻时，男人就会连回家也会觉得非常厌烦。最后，老公也发起火来，这样很容易引发夫妻间的战争，这样的家庭一天也难得安宁。

在任何情况下，都别想通过唠叨来改变对方。因为长期形成的生活习惯或是性格，并非通过唠叨就能简简单单改掉的。与其如此，还不如找出对方的优点，从称赞对方开始做起。没有谁是十全十美的。如果彼此都从指责对方的缺点开始说起，那可真是永无宁日了。

称赞和关怀如同补药

夫妻之间要互相称赞和关怀。妻子要感谢丈夫为了家庭生计在外不辞劳苦地奋斗。丈夫要时常感谢妻子勤俭持家，为了孩子的成长和教育牺牲了自己的青春年华，不但要时常怀着这样的感谢之心，还要把你的感谢通过行动表达出来，这才是称赞和关怀。

有这样几个词，“미”“사”“고”，是：对不起、我爱你、谢谢你这几个词的简称。夫妇间相互感谢，真心地爱着对方，为了家庭一起费心，做错的时候互相体谅，用一句“对不起”来化解矛盾，这会给人带来多大的勇气和力量啊！所以说称赞和关怀如同补药。

夫妻打架，如刀割水

如果询问一对看上去非常和睦的老夫妇：“真羡慕你们啊，一辈子互相关爱着生活。”

他们的回答却很可能是：

“怎么可能不吵架呢？我们也是吵吵闹闹，一辈子也就这么过来了。”

果然是夫妻没有隔夜仇啊。夫妻吵架比起互不关心要好得多吧？

夫妻间出现问题时，比起两人都一言不发，吵起来反而更好。但是吵架也有该说和不该说的话。特别要注意的是，在这种敏感的时候，绝对不能诽谤对方的父母兄弟，或是揭露伴侣的缺点或过去，因为过去可能对一个人还残留着很大的伤害。否则，这些将会成为长期伴随夫妻的后遗症。

“你这种假惺惺的样子，怎么会和你母亲一模一样！”

“你这种不良习惯是从你亲戚中遗传过来的吧？”

“又胖又老的人穿这么贵的衣服干嘛啊？一点儿都不合适……”

“孩子们就是像了你这榆木脑袋，才会是这个鬼样子的。”

以这种方式说出的话，无论是谁都会生气。于是彼此互相揭短，互相在对方的伤口上撒盐，甚至伤害到彼此的父母。这样，想要恢复如初的关系，双方都将花费很长时间。一旦吵架，绝对不能以吵架原因之外的事情揭对方的短来攻击对方。还有一些夫妻吵完架后便分房睡，这也是不可取的。吵得再严重，仍然是夫妻关系，要一起睡才能缓和矛盾。

夫妻间吵架时一定要分清时间和场合。不能因为吵得比较激烈就对对方进行人身攻击或使用家庭暴力，或是采取摔家具这种破坏性的行为。夫妻吵架时，双方要互相坦率地表明问题要点，要沉着冷静地听完对方所说的内容，不要中途打断，然后再发表自己的意见，最后要一起找到解决的办法并互相约定要遵守的条件。

为了幸福进行交谈

沉浸在爱情中的人们很容易逐渐地束缚对方，越是长期交往的恋人越是喜欢干涉对方的私生活，不给对方留有个人空间。这是非常错误的，是把对方误认为自己所有物的错误行为。

女人需要仅属于女人的空间，男人也需要仅属于男人的空间。我们必须承认这一点，同时也要承认我们需要个人自由。我们需要给予对方各自所需的自由，并在背后默默地支持与鼓励。

成功的男女关系都有一个共同点，那就是互相承认彼此的独立性。如果一方被剥夺了自由，那很可能出现善意的谎言。长此以往，双方之间会互相怀疑并渐渐不再彼此信任，最终导致互相反感，甚至彼此对立。

每个人的个人隐私都应得到尊重，不分彼此的夫妻关系也应如此。不管多么和睦，都不要去侵犯对方的个人隐私。只有这样，相互之间才能形成信赖和尊重的关系。

英国著名首相温斯顿·丘吉尔透露，他们夫妻间能够和平相处56年的秘诀是使用各自的浴室。

拥有三个能够吐露真心的朋友

这是与笔者很亲近的前辈的故事。该前辈本是个生意人，在IMF干预下，公司不幸遭遇倒闭。经受了巨大的痛苦，几乎破产的他回到家乡，向老母亲诉说了种种遭遇。听他说完后，老母亲递上了200万韩元（相当于人民币1.2万元）。这笔钱是老母亲从其姐姐平时给的零花钱中一点点儿攒起来的。

前辈面对年迈的老母亲，实在不忍收下这笔钱，推让了好久，但是，老母亲的眼神如此恳切，实在是无法拒绝。子女们日子都过得挺不错的，但50岁的儿子事业失败，这让老母亲非常痛心。

“那就算是我借母亲的，一定尽快把钱还给您。”

就这样，前辈收下了这笔钱。几年后，前辈在事业上东山再起了。此时，他想把之前从母亲手中接过的钱还回去。但是，母亲坚决不肯收下。

“我不收大钱。”

母亲一再推辞。前辈没办法，只好把10万元的票子换成了千元的票子，送给了母亲。

母亲虽然不接大钱，但把票子换小后，竟然收下了。虽然是同样的钱，但根据不同的方式，母亲却有不收和收下两种结果。

像这种情况，根据所说的话或方式的不同，导致了不同的结果。

可见话语既是传达的手段也是一种相互交流的载体。像前辈这种情况，所谓的话语即是连接心与心的重要工具。对人而言，最为痛苦的莫过于没有说话的伴儿。特别是当没有心灵沟通的对象时，这样我们会产生极大的孤独感。

对于在学校受到排斥的学生而言，虽然受到团体欺负也是一个问题，但更大的问题在于他们没有说话的对象。如果一个班的同学全都不理他，那么从上学到放学的这段时间内他就没有任何说话的机会。这才是真正的痛苦啊！有些学生甚至因为受到排挤而产生精神问题，最终产生自杀的念头。

只要有三名能和你通过对话而进行心灵交流的朋友，那你就是一个幸福的人。结交三位能在你孤单困难时给予你安慰，能让你毫无防备地吐露真心的朋友吧！那么，你就能在生活中获得活力。

同样的话，不同的意

温暖的心，温馨的话

稍微回顾一下笔者年轻时候的事情。那次，我在地铁上打了个盹，错过了下车站台，结果相亲时迟到了30分钟。第一次见面，这算什么啊？我心里嘀咕着。当我气喘吁吁地赶到约会地点，见到她的时候，已是满脸大汗。她笑着看着我，递给我一条手帕。

我们就这样结下了缘分。在交往100天的时候，为了让她吃好吃的，人生第一次带她去了一家牛排店。前一天，为了在她面前好好表现一下，我还特意看书学习如何点餐，并努力背诵了英文“Well done（全熟的）”、“medium（中等的）”、“rare（半熟的）”。

但当服务员问：“请问点些什么呢？”我突然抖了一下，慌张起来，头脑一热，可能中等的比较好，就说：“请给我做成中等的（middle）。”

“啊，请问您说的是medium（中）吗？”

我瞬间发现自己说错了话，为了避免在她面前丢脸，我忙改成了：

“那给我well done好了。”但是服务员为了再次确认一遍，说：“请问您说的是medium，还是well done？”

“你就稍微给我们煮一下好了。”

太过慌张的我这样回答道。事后想想，这根本算不上什么事情，简简单单地用国语“请给我们煮成中等熟”就可以了。为了在她面前不显得土气，结果反而出了不少丑。勉强地吃着硬硬的半熟牛排，她冲着我笑了笑。

为了挽回此次失误，之后见她的时候，我带她去了“T.G.I FrIday’s”。虽然知道那里非常昂贵，但是为了她也不觉得可惜。到了之后，在成千上万的陌生菜单中我选择了最让我有亲近感的汉堡包。这次服务员什么也没问。但是，当汉堡包端上来时，我才发现这和平时吃的汉堡包并不一样。

单独放置的面包，单独放置的肉，还有叉子和刀放在碟子上。这该怎么吃呢？是分开吃，还是合起来吃呢？我偷偷瞥了一眼周围，却没有看到其他点汉堡包的人。最后，我就决定像吃平时的汉堡包一样，把面包、肉、蔬菜合起来吃。而她是分开吃的。这里的汉堡包真的没味道。

后来我才知道。吃汉堡包所需的番茄酱和芥末是单独放在桌上的，这也是事后才知道的。她其实是知道的，但担心我不好意思，也就这样吃了。

我和她没一起喝过酒。有一次，我鼓起勇气和她一起去了啤酒屋。我装作很老练地点了“Miller”（美乐啤酒），并没有开瓶器，瓶盖上搁着浸过水的纸巾。我以为是让我擦干净之后喝酒的意思，于是把自己和她的瓶盖都擦了一遍，然后，向大叔要开瓶器。

大叔让我就这样打开瓶盖。我还以为开瓶器放在了桌子的某个位置，于是各个角落都搜寻了一遍，却什么也没有。我很郁闷地正想用桌角开瓶盖时，大叔过来了，轻轻用手一拉，瓶盖掉了。我们互相看着对方，笑了起来。

想让自己看起来更有品位一些，却没想到接二连三地闹了笑话。但是，我们互相爱着对方。交往5年之后，我们举行了婚礼。对我而言，这简直和做梦一样。在证婚人面前，我一直处于发呆的状态，基本上连证婚人说的话也没听进去。证婚人向我提问的“是否能永远爱你的妻子并一直生活下去”这个问题，重复了三遍。

“是的，先生！”

我的回答过于响亮，礼堂都成了一片笑声的海洋。后来，我回放了一遍结婚时所拍的视频，又一次惊呆了：我的裤子拉链竟然打开着！我怎么会从开始到最后一直这么失误呢？幸运的是，我们彼此爱着对方，幸福地生活着。不知不觉，我们都逐渐老了，但妻子仍然深爱着我。

人生如白驹过隙，日常生活中的各种小事构成了我们的人生。平日，小小的爱心，小小的关怀，都可以温暖我们的世界。比如，遵守时间，高兴地与人问候，让座，表达谢意，对别人的大小事都示以关心，揣摩对方的心思并与之进行情感上的交流，他人困难时给予安慰，这些小事温暖着我们，温暖着这个世界。我年轻时，倘若没有妻子温暖的关怀，在我失误的时候，如果她嘲笑或指责我的话，那我可能会因为羞愧而回避她。

在对话中，比起指责、诽谤，如果懂得如何进行趣味性对话，懂得说祝福语、鼓励语，那么这个世界将变得更加美好。

附加的话有附加的效果

有一只老虎饿了四天，寻找猎物时突然发现了一只蜷缩着的兔子，老虎便猛地扑了上去。没想到，兔子竟然对它说：

“还不快给我放开，崽子啊！”

被兔子唐突的话惊到的老虎稀里糊涂地放了兔子。第二天，徘徊了一整天的老虎运气很好地又发现了一只兔子，便猛扑了上去。但兔子却说：

“放开我，崽子！”

偏偏是昨天的那只兔子。吓了一跳的老虎又一次放开了兔子。事后想想，老虎振作起精神，下定决心不再放走兔子。它再次出去寻找食物，又再次遇见了兔子。所幸不是之前那只大胆的兔子。老虎抓住了兔子，但是兔子却说：

“传闻都出来了，崽子啊！”

虽然这只是一个笑话，但有时理直气壮的话，充满自信的话有着让人意想不到的效果。“如果我这样说对方应该会这样回答吧！”比起以这种方式，过度地耍小聪明，我们更需要理直气壮地说话。

我们再看看另一则轶事吧!

一天，天气格外闷热。一个热得气喘吁吁的青年突然发现了一间冷藏室。

“冷藏室里一定很凉快。”

青年打开冷藏室的门，刚走进去，门就“砰”的一声关上了。他使出全力，却怎么也打不开门，这是一扇只能从外面打开的门。青年使劲敲门，喊破了嗓门也没人理会。直到两天后，冷冻室的管理员过来打开门，才发现青年冻死在了冷藏室。

管理员很是意外，因为冷藏室并没有处于开启状态。冷藏室内的温度有15度，个人活动也完全没有障碍，室内氧气也很充足。青年死得很蹊跷。

其实原因很简单。在冷藏室门锁上的瞬间，青年想当然地认为冷藏室内特别冷，怀着自己就要死在这里了的消极想法，自己吓自己，在这种恐惧之下，结果真的死了。

消极的想法会引发消极的行为。被老虎抓住的兔子如果绝望地想到“我现在要死了”，那肯定会被老虎吃掉。青年如果不是持着消极的态度，很快就会发现冷藏室的温度并不比室外低多少，在门打开之前，如果积极面对的话，也不会死。积极的想法能带来积极的话语，继而转化为积极的行为。常常以积极的思考方式思考的话，会自然而然地产生自信感，说出自信满满的话语。

尝试能带来互动效果的话语

我们提起“互动”的时候，常常会说到1+1＞2的不等式。这的确是很正确的一句话。synergy是syn=Together，ergy=energy的合成语，指一起解决事情的能力，即强调的是团队合作之意。

组织生活换句话而言就是团队合作。把各自所具备的能力聚集在一起，发挥互动效果时，该组织就能持续发展壮大下去。“我一个人就行了”这种自私的想法阻碍了互动效果的发挥。那么，能带来互动效果的话语有哪些呢？

第一，要成为跳板选手。在跳板运动中，如果自己想跳得高，那必须为对方跳得高打下基础。对方高高跳起，有力下落，由于跳板具有弯力作用，那我就能比对方跳得更高。说抬高对方的话，或向对方表达称赞、鼓励、祝福等话语，那这些话会折射到自己身上，提高自身的人格魅力。

第二，要善于倾听。有一种职业是努力听取对方所说的话语，神经科的医生也算是其中一种职业。首先要懂得倾听患者，才能了解患者的精神世界。只有努力倾听对方，对方才会向你敞开心扉。如果可能要尽可能听清对方的心灵之音，那就能引起极大的互动效果。

第三，做一个情感银行的存折。人们通过存款及储蓄手段持有银行账户。同样，作为待人接物的手段有一种叫作感情的无形银行。银行存款即使再多也有限制，但情感银行，1个人可能拥有数千个，甚至数万个账单。说话时，要讲能够温暖人心的话，就像农夫给予土地肥料，诚心培育农作物一样。

天国使用的七种话

听说天国有七种话最常使用。一起来看一下吧！

1．对不起
2．没关系
3．好的
4．做得好
5．太棒了
6．谢谢
7．我爱你

人生在世，并不是只有物质才能给人带来快乐。一句温馨的话语也能带给人无与伦比的快乐。反之，一句简单的话也能让我们变得难过，正如相同的乐器，由不同的人演奏，产生的效果也不一样；相同的话，由不同的人说出来，效果也不尽相同。把天国的话语像口头禅一样，经常在生活中使用的话，很多不顺的事也会迎刃而解。一个人的天国是从一个人的话语开始的。

对于女性而言，常常隐约担忧："失去爱情的话我要怎么生活下去？"所以即使结婚十年后，仍然会突然冒出一句："你还爱我吗？"笔者曾以女性为对象做过演讲并进行过实验，题目是大家向丈夫发送"我爱你"的短信。

不久，收到答复的女性们都非常高兴。笔者让她们读一下自己所收到的短信内容。

"老婆，对不起。平日里都没有向你表达我的爱意，我也爱你。"

当然也有一些不可思议又有趣的短信。

"你怎么了？"

"你是向哪个家伙发短信错发给我了啊？"

演讲室内顿时成了一片欢乐的海洋。人生还真是有这样的幽默。

"这世上最凉的大海是什么？"

"썰렁해。"（注：凉的意思，发音与某某海相似。）

"那最温暖的大海是什么？"

"사랑해。"（我爱你，也与海谐音。）

天国使用的绝大多数话语都是感性的。温馨的感性话语能刺激对方的心灵。我爱你、对不起、谢谢、没关系，等等。听到这些话，人的心会变得平和，即使有心顶撞，面子上也做不出来。不论是夫妻之间，还是在日常生活中，这种感性的话都能温暖人心，也让这个社会变得更加美好。

与其闷在心里，不如说在嘴上

封闭式的话语会让人关闭心中那扇门。我们平日所讲的语言一般分为一般型、指示型、命令型、威胁型、判定型等。

比如："停下来，你给我闭嘴！""不能给我好好讲清楚？""吵死了！""还不快停下你的胡言乱语！""不要空穴来风！"如此的话语就属于封闭型话语。

事实上，这种封闭式的话语在我们生活中已经泛滥成灾了。听多了类似的封闭式话语，不知不觉间，自己也会产生否定的、反抗性的心理，因为内心积压了无法排泄的愤怒。这样下去，借着某个契机猛地爆发出来，导致人际关系破裂的事情也很常见。

即使是相同的话，也可以说得相对开放、更具协商性或是圆滑一点儿地说出来。

"比起那个，这个怎么样？"

"如果是你的话一定能成的！"

"你说的也没错，但我认为……"

以这种方式，在尊重对方的基础上，开放性地与之协商，那么对方也会以相对积极开放的态度来回应你。

孩子们就是这样子的，无论父母怎么责备、吓唬、强调，他们也不会照着父母的意思来做。虽然是小孩子，但他们内心深处也有对父母的不满，而且这种否定性的心理会逐渐加强。这样下去，可能有一天，孩子会突然走偏或反抗。所以，即使对待孩子，也要尊重他们的意见。"比起那个，这个怎么样啊？”像这样与孩子进行协商，那么孩子便容易听取父母的意见。这就是开放性的语言。

另外，在开放性的语言中，有向对方正确搭话的技巧。洛克菲勒主张，在别人反对自己的意见时，首先要简单判断一下这属于感性的反对还是理性的反对，这一点很重要。如果不能简单判断对方的心理及反对的理由，那就无法说服对方。撇开对与错的是非观点，如果想用逻辑思维说服带着感性理由的人，这简直就是在浪费双方的时间。此时，只能以感性的角度打动对方。

满含希冀的话语能够缓和、镇定人心，有净化的效果。另外，要给予对方一定的名分。比起以好意来说明原由，试着去理解对方，会更加有效。同时，如果能说明此事所带来的利益，则效果更佳。要用能带来双赢的事实进行说服。

之后，不要忘记人本身才是最为重要的。如果不能用道理阐明时，可以尝试着打人情牌。向正在经历困难的人施与援手，对方就会想要依靠你、信赖你。以人情的方式着手时，要暂时放下逻辑性思维。

吐露真言

当你还在犹豫是否该坦率地打开自己的内心、进行自我解放时，大多数情况下都是你想表达否定性话语的时候。

比起坦率地吐露愤怒、生气、埋怨、敌对等情感，你更多地会选择尽量压制它们。特别是在职场这种集体中，即使想要发火，也很难按照自己的心意表露无遗，大都是选择隐忍，特别是面对上层领导时，更是如此。

但是，内心压抑的不满久久不能散去，愤怒心越来越强烈时，该怎么办呢？此时，应该使用可以转达自己心情的表达方式。表达办法罗列如下：

第一，以自我为主语进行对话。不要将对方作为主语，以“部长…”“组长…”来开头，而是以“我…”“我的想法是…”等来开始对话。这样就可以解放自己的思想，也就是“自我信息”的表达。

第二，具体说明引起对方行为的问题及状况。

第三，具体说明对方的行为给自己造成的影响。

第四，坦率地承认因对方的话或行为而引起的自己的情感波动。

第五，表达完自己所说的话之后，一定要倾听对方的想法。只把自己想说的表达完就一走了之的话，对方是无法很好地认同你所传达的信息的。

感叹号、问号、逗号

人类生活与动物生活有所不同。动物只需遵循本性生活就可以，而人类却是在本性、感性、理性的交错中生活的。特别是喜怒哀乐这些多样性的情感支配着人类的生活。根据这些喜怒哀乐的情绪，不断地形成了像感叹号、问号及逗号这些与生活相似的随想。

我们的人生往往是由悲伤、快乐、慨叹、感动等无数种情感交织而成，但一个人如果想要幸福生活的话，必然需要不少的感叹词。与此同时，为了过上以创意性为主导的生活，问号必不可少。问号是从想法中产生的，没有想法的生活与动物的生活没有多大的差别。问号能丰富我们的生活，我们有必要在心中保留问号。

同样，我们的生活也需要逗号。

曾有两名樵夫。两个人一同在山中砍树劈柴，其中一人毫不停歇地干活儿，而另一人却是每隔50分钟就休息10分钟。结果，砍柴结束后，每隔50分钟就休息一会儿的樵夫反而比从不休息的樵夫砍的柴多得多。

不休息的樵夫很是疑惑地问道：

“你不是一直在休息吗，怎么可能比我砍的柴还要多呢？”

“磨刀不误砍柴工，每次我休息的时候，都在磨斧头啊！”

原来如此。休息并不意味着在一旁玩耍，也有可能是在给自己充电。

我们在生活中要懂得适当休息，正如在句子中要适时使用逗号一样，这样才能大大提高效率。休息也是储备能量的一种方式，所以说，能量来自于暂停。

对话也是一样的。如果只是传达某种想法的话，那就只是一种互相交换。只有在对话中加入感叹号、问号、逗号，才能打动对方。

饱含爱与关怀的领袖演讲

最近，“治愈”这一说法很流行。能够治愈病体的实质其实是一个人的想法和话语。我们身体的器官都一丝不乱、分秒不停地在工作，能对这种身体活动进行协调的就是大脑。比如，一个人发了很大的脾气，大脑就会把这种火气传达到身体相关器官，并产生和火气相关的细胞。如果一个人沉浸于喜悦之中，那么身体就会产生和喜悦相关的细胞。

正直且平和生活的人，他的身体自然会具有治愈力。放纵及怠慢自己的身体与心灵，让自己陷入放荡与中毒的状态，大脑就会失去控制，并发生紊乱。

越是如此，越是要明确地告知自己的大脑：

“对不起，请原谅我吧！我以后会端正行为，正确做事的。”

对话同样如此。有些人啰啰嗦嗦地说了一堆好听却没有实质内容的话语，貌似是个说话能手，其实属于那类善于自我狡辩的人。对话中，绝对禁止以“我和你们不一样”这种不屑的口气，傲慢又自大地贬低他人的行为。因为，这会通过大脑作用，最终让这样的人转变为伪善而又傲慢自大的人。

真正擅长对话的人，是那些做演讲时自信满满而又有领导力的人。他们的演讲中饱含着对他人的爱与关怀，并能让人们通过他们的演讲，看到他们所具有的决断力及感染力。这种人会被称为社会的中流砥柱。面对形形色色的观众，我们该如何做出这种富有说服力与感染力的演讲呢？

第一，不要使用懦弱的口气说话，果断的话语才有号召力和感染力。

第二，不要妄自批判。要懂得赞扬或是与他人保持步调一致。即使你的实力再强，如果说话很刻薄的话，也是不能打动人的。站在听众的立场，尽量与他们保持步调一致。谨言慎行，多使用赞美性的话语，才会达到你所期盼的效果。

第三，不讲废话。不必要的话语可能会引发误会，惹是生非。

第四，即使对方说的有错，也要先给予肯定，再补充你的观点。无论是演讲还是对话，肯定是开始效果较好。即使对方观点错误，你也可以说“是的，我知道了，但是……”这种说话方式的效果更佳。如果从第一句话开始，就采取“不对”“你说错了”“看样子你是不太知情啊”“绝对不是这样的”这种否定性的话，会让对方会感到压迫，从而寻找反驳你的理由。

第五，压抑自己的情感，理性对话。当几个人在一起聊天时，其中总会夹杂着一些邪恶的人，要么冷嘲热讽，要么肆意反驳，要么唏嘘不已。越是如此，越要沉着冷静，感性地对待这些人的话，就会搞砸此次对话；理性对待，这样才能让听众集中在你的演讲上。

第六，常常感谢自己的好运气。经常表达自己运气很好，那么就会内心从容。做事也是如此，承认自己的运气，愉快地做事，也许好运自然就会降临。这就是对生活积极的态度。积极的对话打造积极的人际关系，同样会带来好运。生活总是这样，一荣俱荣。

第 2 章

含有感情的话语

恰当地用字极具威力，每当我们用对了字眼……我们的精神和肉体都会有很大的转变，就在电光石火之间。

——马克·吐温

语言能力卓越，处理情感才会更妥贴

德国哲学家马丁·海德·格尔把语言称之为“存在之家”。他认为人类不说话，连一天都很难好好地生活。人类很难把自己知道的事或事实埋藏在心里而不表达出来。回顾一下我们日常生活中的片段，抽个时间见见朋友，互相分享这段时间内的消息和经历，总是有说不完的话、聊不完的事。

看完某部电影或演出、电视节目，我们也不会轻易放过其中的情节，总是忍不住和朋友或伴侣分享后，才会感到内心舒畅。人类必须说话表达自己，即使没有说话的对象，人类也会自言自语进行释放。

对话，可以定义为通过语言进行表达，通过耳朵进行倾听的一种行为。对话的重要手段当然是有声语言，通过语音传情达意。但是，随着科技越来越发达，思想沟通的媒介也从单一的有声语言变得越来越丰富多彩。

同时，随着社会的日益复杂，仅通过有声语言传达，已经不能满足人类对于迅速性、便利性、集体传送性方面的要求。为此，可代替语言传达信息的符号或象征等闪亮登场。值得强调的是，现在非语言性的思想沟通所占的比例更大。

简单举个例子。如今，手机成为人类的必需品，连小学低年级的学生都携带手机上学。手机的基本功能是语言通话，但是它作为思想沟通的工具又通过各种信息功能和文字符号等活跃于日常生活中。智能机的功能更是丰富多样。即使只看手机的信息构成，除了文字沟通之外，各种表情符号能更生动地表达消息发送者的内心情感。

即使如此，通过这些符号表达出来的人类情感也是有一定局限的，信息更是如此。虽然可以通过它们进行信息沟通，但要准确地表达一个人的情感还是有一定的难度。相比而言，通过语音通话表达情感更为容易。但是，语音通话也同样具有局限性。语音通话虽然也包含视频通话，但是在正确读取个人情感上还是有些局限。总之，还是面对面交谈最容易进行情感沟通。当然，对方也有可能故意隐藏自己的情感，但是，绝大多数情况下，大家会坦率地表达自己的情感，分享生活中零零碎碎的小事，达到心灵沟通的效果。

换句话来讲，人类根据此时彼时的各种情况，会产生各种各样的情感，这些情感将通过有声语言表达出来。只有准确地了解对方的情感，才能解除误会，通过合适的情感交流，进行和解，彼此赞同，协同合作。

事实上，话语中隐藏着一个人丰富多彩的情感。甚至于朗读一篇稿件，也可以通过朗读者的音高、语气、强调音、速度等方面察觉他的情感变化。听一个人说话的内容，可以很容易了解到他此刻的心情或情感现状：他此刻的心情是好还是坏；他是满心欢喜、兴高采烈，还是沉溺悲伤、无法自拔？即使是相同的话语，也可以判别他说的是真话还是假话。

话语中的真心、玩笑、谎言，甚至诋毁的话，这些我们都可以适度地分辨出来。

但是，也有一些人很难调节自己说话时的情感，他们要么说话时没有语音变化，要么过度夸张地表达自己的情感，常常给听的人带来混乱。特别是性格内向而又有些悲观的人，很难通过自己的语音充分表达自己；而过分吹牛和夸耀的人说话时夸张的成分比较多。

话语的功能和作用不仅是传达信息，还是情感交流。只有情感交融才能真正做到思想沟通。为了提高话语的表达效果，要通过语音准确地传达自己的情感。为此，说话的人首先要准确地把握自己的情感。

也许有人会提出，什么叫作把握自己的情感哪？难道自己还不了解自己？当然，自己的情感自己最了解。但是，我国人民对情感表达这一块很是生疏，男人尤为如此。

比如，因为某事发了很大的火，根据发火的理由和程度来进行处理时，需要准确地表达自己的情感。但如果表达情感时不善言辞，或者被感性冲昏了头脑，那就无法清楚地表达自己的想法，而让自己处于过激的状态。

如果男人在家里非常不满妻子唠叨的话，要么冷静地为自己辩解，要么承诺改正自己的错误，要么拜托妻子理性地说出不高兴的理由，以后在生活中尽量少一些唠叨，这也可以较轻松地结束与妻子的拌嘴。

但是，如果不经过这些合理的步骤，不能条理分明地进行反驳，反而让愤怒领先于理智：

“我在外面辛苦工作了一天，回来还要听你这么唠叨吗？”

这样发火的话，妻子也会提高嗓门发起火来，而丈夫会更变本加厉，一错再错。

“你在家里吃喝玩乐，哪儿来的这么多不满哪？嗯？”

妻子则会说：“什么？你说我在家吃喝玩乐？”

这样顶来撞去，突然间家里就会充满火药味，夫妻吵架就这样升级了。

像这样越过某种界限时，会产生两种结果。一种是，丈夫很烦躁地承认：“算了，都是我的错，行了吧？”被迫式地结束这场战争。

但是，妻子并不会就此止步。

“你说说看到底哪里做错了？”

这样的话，丈夫会再次被点燃怒火，“哎呦，真是！我都承认错误了，哪儿来的这么多话啊？让我说什么啊？”

这样再次发火，继续刚才的争吵。

另一种情况是极端性的表现。

“你这么讨厌我的话，干脆离婚得了！”

“马上离婚！”

像这样相互对抗，一不小心可能真的造成“一气之下离婚”的状况。这都是由于情感表达不当造成的后果。除此之外，还有无数的事情可以举例论证。

假如发生了汽车碰撞事故，首先应把车移到马路边，不给其他车辆造成通行障碍，再冷静地追究谁是谁非。如果能很快地得出结论那是最好，实在不行，可以叫来交警，判断是非即可。撞车后，爱车受损，心里当然不舒坦。但这是既定的事实，再不高兴也毫无办法。如果自己没有错误的话，得到适当的赔偿不就可以了吗？

但是，很多人并不这样做。因为自己心里不愉快，就立马冲着对方发火。

“你这人，怎么开车的啊？”

“你是新手啊？”

更有甚者，“呀，你这个兔崽子，给我眼睛睁大了开车。妈的！”以这种方式威胁他人。同样对方也会发火说：“你凭什么说话这么没大没小啊？你几岁啊敢说卑称？”（注：韩国人有严格的年龄等级观念，对年长者要说敬语。）就这样发起飙来。像这样把事故搁置一旁，却在那追究年龄、卑称、脏话等，甚至互相抓着衣领，挥起拳头打架的情况都是情感表达不准确造成的。那么，为什么我们总是情感表达不准确呢？关于这一点，有专家指出，这是在传统儒家思想教育下情感被压抑造成的结果。这种说法有一定的道理。

再加上现在的孩子从小饱受学习带来的煎熬，他们在父母的统治之下，缺乏坦率而又准确地表达自己情感的训练，在长期压抑下成长。这一点大家都有同感吧？因此，社会中，有很多因为性格暴躁而引发的各种犯罪行为以及其他的极端行为。这些都源于情感表达不当。

如果让一个人通过对话顺利地表达自己的情感，那他首先得掌握自己的情感。情感先于话语，激动或是无法把自己的情感准确地置于话语之中，就会降低沟通的效果。这和性格也有很大的关系。

大体而言，性格外向的人声音洪亮，性格内向的人声音低沉。外向的人因为说话自信满满，所以发声时声音洪亮地传到嘴唇外部。但是，内向的人不仅很难把自己的情感对外表达，说话也是支支吾吾，不够自信，所以声音就比较低沉。

比较一下我们心情好和心情坏的时候就会发现，心情舒畅的时候，说话声、笑声比较大而且有轻盈之感；心情不好的时候，一切都好像萎缩在一起，说话声也小、笑声也小，没有力气似的，郁郁寡欢。不然的话，就是激动或行为过激，突然提高嗓门或是嚎啕大哭。

为了通过话语更好地表达情感，一方面要按上述所说的管理好情感，另一方面也要以积极的心态，自信满满地表达自己的心声。另外，平时要注意提高情感表达的能力。不是让你去营造人际关系，而是首先把你所看到的事物练习着用语言表达出来。练习如何准确地描述饮食味道、天气或花这种细腻的事物，也是一种很好的方法。想要准确地描述饮食味道，这可比你想象中的要难得多。因为不是让你简简单单地使用辣、咸、甜这种单调的词进行描述，而是像“辣中略带甜味，有滋有味”这样准确分辨并进行描述表达。对天气或花也是同样如此，不是仅仅要求你使用“冷、热、凉飕飕”这样的词，而是要更细致地表达。描述花也是这样，比起“漂亮”这个词，怎样的漂亮，要求有具体的表述。

一开始是相当困难的。然而，一个人经常做这种类似训练的话，词汇量和表现力就会增强。只有语言能力出众才能很好地管理自己的情感。语言能力、表达能力不足，一个人就会变得暴躁，就会常常失去理智、感情用事。

树立自尊心，不轻易显露情感

在人的特性中，最难以放下的便是自尊心。自尊心显示了一个人的真实面目、自尊感、自我价值等，如果自尊心受到伤害，就会让人感到屈辱，从而产生愤怒的情绪。所以，有时候即使自己做错了，也会狡辩，胡编乱造，贼喊捉贼地大吵大闹。这都是怕伤自尊的缘故。

而且，无论是谁都希望墙里开花墙外香，即收获人情。自尊心和人情经常是连在一起的，收获人情能提升自尊心。相反，自尊心受到伤害，那就如同对方不承认自己的实力，无视、轻视自己，常常会导致发火。我们可以把自尊心和面子问题等同起来。

我们通常过于重视面子，为了维护面子费尽心思，如果面子有所损伤，便很难坚持下去。所以，即使自己犯了错，也很难承认自己的错误，向对方道歉。自尊心、人情、体面这三种类似的情感，在过分坚持下，往往会引发问题。如：不顾及他人感受，拼命地想提升自己的自尊心，为了得到人情自我夸示，为了维持体面进行虚假伪善的行为。

有时，甚至把他人的关怀、谅解等行为也误解为有损自尊和自己的体面，像这样的自尊、人情、体面，自己再怎么主张，也毫无用处。只有做他人认可的、与自尊心或体面相称的事，做堂堂正正的事、受人称赞的事，才是真正维护自尊。比如，罪犯声称自己是为了维护自尊才犯下了各种罪行，你能承认他的自尊吗?

因为自尊，我们有时候会无视他人，甚至会毁掉一段良好的人际关系。有时，为了维护自尊，还会做一些虚假的行为，有一些虚假的情感，错误地认为放低自己或关怀他人是有害自尊的事情。

这里想要强调的是，在对话过程中不要因为自尊心而隐藏或是不敢表达自己的情感。更何况，虚假地表达情感，很容易招致误会。小孩子摔倒碰破膝盖时，强忍着疼痛却假装不疼，尽管大声哭喊的确有助于表达他此刻的情绪，但是为了在人前表现自己的坚强，才会如此费尽心思，强忍疼痛。

我们在对话过程中，也有类似抑制感情的情况。但是大多数情况下，请不要因为自尊心而违心地表达自己。即使内心痛苦，也逞强着“这种程度，我连眼都不会眨一下”；或是对手崭露头角时，内心充满嫉妒，却以“这家伙运气真好”这种方式表达。不敢坦率地表露自己内心的真实情感，这都是自尊心在作祟。

对话时，无论是谁都是以自我为中心进行的，但在需要坦率表达情感时，只有敢于坦率地表达自我，才能进行真正的沟通。坦率正直比自尊更为优先。对话过程中，无论对自己多么不利，有错的地方要敢于承认，有需要道歉的地方坦率地道歉，有需要获取他人原谅的地方郑重地请求原谅。在人际关系中，比起为了维护自尊而进行的虚假辩解，这样做要有效得多。

有这样一句俗话：“一语抵千金。”谦逊的话语，正直坦率的话语，放低自己，抬高他人的话语，理解他人的话语，能让对方也变得更加宽容。对话中，过于在意自己的自尊，就无法进行沟通。为了维护自尊，而过于夸张地发火或紧逼对方，是很忌讳的。

走出否定的情感与思想

对话中，经常会对消极的思想和积极的思想进行区别。因为它们的影响是如此巨大，即使它们存在于语言和情感中也毫无例外。持有积极的思想，语言和情感也会变得积极。相反，持有消极的思想，语言和情感就会向反向发展。用消极的情感和话语进行对话，不仅会阻碍沟通，甚至会破坏人际关系。

特别是话语，不能纠缠于消极的情感中。正如之前所提及的，比起话语，很多情况下情感会优先流露。如果消极的情感先表现出来，话语也会是消极的。这就不是沟通了，一不小心，可能惹起是非，让对方不快，甚至引发矛盾。

即使是相同的话，根据说话者和听话者的不同，感受到的情感也不同。

“你真的好帅，我喜欢你。”像这样的话，有些人会持怀疑的态度，心情变得糟糕：“哼，是在对我阿谀奉承呢！一定是对我有所图谋。”

有些人会这样思考，也有些人会感到悲伤。

“不能完完全全地相信她说的话，她只是为了安慰我违心说的而已，绝对不是真心的。”像这样持否定的态度理解这些话语。

然而，如果你愉悦地听取的话，“原来她喜欢我呢！真是让人心情愉快的事情。”你的心情也会变得愉快。

像这样同是一句赞扬的话语，各人的反应也是不一样的。这就是积极与消极的思想所造成的差异。无论是谁，都有消极的情感。如害怕、愤怒、负罪感、失落感、失败感、挫折感、无助感……真的是多种多样。我们无法完全排除这些消极感受，也无法只持有积极的情绪。有时，消极的情感也能使人奋发上进。

然而，我们要努力让自己持有积极的思想，并从消极的思想中尽力走出来。这样才能以积极的想法理解并接受对方的话语，同时以积极的话语反馈给对方。最值得我们警戒的是愤怒、敌对心、憎恶及类似的情感。如果这些情感占据一个人内心的话，就会一切都看不顺眼，对一切都持有消极的态度，自然嘴里也会说出不动听、偏激的话语。这样，不知不觉间，就会冒出惹是生非的话、脏话、攻击性的话，刺激对方，导致对方不得不回避你。

例如，对方说“今天心情真好啊”的时候，如果内心愤怒或持有敌对心的人会说：

“吃什么药了啊，你？”

“你想怎样啊？”

“心情好什么好？”

就这样，很容易惹起口舌之争。这都是内心消极情绪的作用结果。这样，对方要么慌乱，要么抑郁难平。说话的人要尽量说积极的话，听的人也会以积极的态度接受。有时候因为其他的一些事情心情不好，却向无辜的人发火的情况也很常见。毫不相关的人突然就遭此横祸，这都是由于对方无法控制自己的情感，说话前不经大脑的缘故。

如果已经认识到自己的消极情感比较强烈，自己常常受到消极情感的支配，却不愿积极进行改正的话，是不行的。如果在对话中让对方感到难堪，或伤害到对方的情感，那就会引发是非。

最近发生的一些无可奈何的事件，大部分都是由于这种消极的情感引起的。如长辈和晚辈在一起喝着酒，引发口舌之争；或是恋人之间提出分手，就用刀伤害对方。只有正确地管理自己的情感，才能说出积极的话语。

情感是培养语言能力的良方

心理学者在经过长期争议之后，最终确定人类的脑神经回路中存在着六种情感，即害怕、愤怒、惊讶、快乐、痛苦、憎恶。另外，这六种情感体现在脸上的表情不分文化和种族，具有普遍性及统一性。

这些情感产生于人类进化初期，被认为在人类的生存中起着重要的作用。据说人类除了这六类情感，还存在其他30余种情感。之后，在人类进化过程中，又产生了焦虑、内疚、害羞、激愤、满足、喜悦、自豪、感谢、爱恨等复杂的情感。在六种基本情感中，至少有两种以上是互相交织在一起的。心理学家切·罗宾博士整理了如下五种情感智慧：

1. 认知自我情感的能力

估计经常发火的人也不会意识到自己属于经常发火的那一类人。因周围的人而发火，普遍认为这是自已为进行抗辩而引起的。通常自身无法意识到自己属于爱发火的类型。

瞬间情感感知是在心理洞察和自我认知时无法缺失的一种能力。每个人都要有自我感知的能力。不能进行情感感知的人就会沦为情感的奴隶。

2. 调节自我情感的能力

所谓情感调节能力，是指能调节自己情感的反应状态。愤怒或高兴这些初始的情感，很容易诱发冲动的行为。将这些冲动的行为通过后天的学习，用幽默或反语等有教养的行为方式加以补充或替代的能力，可以称为情感调节能力。

管理好自己的情感并彻底反应出来的能力，是以自我认知为基础构筑而成的。情感调节能力不足的人，在人际关系中会遇到极大的困难，或是常常饱受与苦恼等情感进行抗争的痛苦。相反，调节能力优秀的人，即使经历人生的失败与混乱，也能够再次勇敢地站起来，攀升到更广阔的平台，获得成功。

3. 认知他人情感的能力

认知他人的能力在人际关系及社会生活中起着非常重要的作用。所谓认知他人的情感是指持欣赏的态度，将他人的情感通过自我认知引入大脑。所以，情感引入型的人往往在人际关系方面的能力相对突出。

怎样敏感地把握他人在需求某样东西时，会持有什么样的情感，才能做到情感引入呢？为此，要全神贯注地集中在此人身上，注意观察他的表情和情感流向，认真地倾听对方的话语。

4. 管理人际关系的能力

这是管理好他人情感的艺术，是指了解人与人之间的关系是如何形成的，产生情感对立及矛盾时对此认识的深度，以及如何解决问题的能力。

5. 给自己通风换气的能力

这种能力在为了达成自己的目标而进行有效调节时，对集中注意力、增强行动力、自我克服和增强创意性都有很大的帮助。即能够克制短暂的喜悦，抑制冲动性的自我情感管理，是一种持续的韧性，乐观的认识，自信感及克服失败的能力。只有不断调整挫折感、失败感、丢失感及类似的情感，赋予自己一定的动力，才可以克服危机，进一步挑战自己。

虽然与上述内容并无多大关系，但在最近的企业经营中，经常使用“感性经营”这个用语。“感性经营”是指根据顾客或职工的喜好，传达刺激或信息，引起企业或产品良好反应的一种经营方式。

复苏感性技能，提高热情指数

感性，从字典含义来解释是指：“属于感觉、知觉等心理活动。”感性对于我们的理性判断及行动具有极大的影响。

这种感性从大的方面可以分为与快乐、幸福、高兴等类似的“积极感性”，或与愤怒、忧郁、挫折、害怕等类似的“消极感性”。用我们自己的话来讲，可称为积极的感性与消极的感性。

有效地管理积极的感性，能给予成员间信赖、热情、投入、创意性等相当大的帮助。相反，对消极的感性放任不管的话，也会引发严重的问题。沉浸于消极的感性时，难以准确地处理信息，注意力也会随之下降，做出不合理决定的可能性也比较高。另外，消极感性还不利于同事间的和解，或对人际关系产生不好的影响。更何况，在组织生活中，消极的情绪如同传染病一般，很容易对外扩散。因而，对消极的感性进行管理，比其他任何事都更为重要。

美国以各企业为调查对象的统计结果显示，其中只有约23%的企业拥有积极感性，而77%的企业拥有消极感性。

我们的社会也同样如此。消极感性越多，社会越不安定。随着社会的日益发展，这种消极倾向还有上升的趋势。观察一下SNS（社会性网络服务）等就会发现：在个人生活中，如果陷入了消极感性，人际关系也会变差，给自我发展带来很大的障碍。

对于消极感性，除了自我管理情绪之外，没有其他的改善方法。在企业或组织中，虽然领导倾向会给你带来很大影响，但在个人生活、家庭生活中，只能靠各自明确的目标意识及挑战精神，通过管理及调节自己的感性，努力把消极的情绪转换为积极的情绪。为此，让我们一起看一下如何管理热情。

为了具备热情，必须为形成这一能力而进行充电。我们身体中的能量分为紧张状态下的能量及沉寂状态下的能量两种。紧张下的能量是通过压力、压迫感及不安而形成的。沉寂下的能量则是精神处于清醒状态下，做好一切可以进行的准备，即乐观状况下发挥出来的能量。

沉寂的能量越多，越能成就更多的事情；与此同时，紧张的能量就会相对减少。另外，进行战略性休息时，也会增加沉寂的能量。所以把战略性的休息称之为“为了前进两步而先后退一步”。所以，该休息的时候就好好休息，这样才能为得到更好的能量进行充电。休息并不是纯粹的玩或是不做事，而是为再次充电做准备的时间。只有饱含好的能量，热情才会高涨，进取的欲望才会更为强烈。经常进行沉寂能量充电的人，说的话也充满能量，自信心也很高涨。另外，这种态度能给予对方深刻的信赖感，消除对方的不安。

正如前面说明过的一样，无论是谁都有着与生俱来的能量，问题在于如何开发这些能量并通过它们追求有意义的人生。为此，要做到比任何人都饱含热情及充满自信。通过满满的自信和满含热情的对话，开发自己的才能，他人也会承认你的能力。

让我们都持有积极的热情吧！通过热情的对话，向其他人传递我们的热情吧！

而且，休息的时候就让我们从所有工作中摆脱出来，痛痛快快地休息吧！这是为了再充电进行的短暂停歇。所谓的休息，并不是让你在家睡觉或躺在沙发上看电视，这并不能让你再充电，而是要求你毫无精神负担地去爬山、运动、旅游等，进行再充电。

让感性习惯在话语中孕育而生

美国的成功哲学家同时也是作家的金克拉说："根据你所持有的好习惯和坏习惯，我们可能被拉到正常的位置，也可能被捆绑于最底层。"

我们所做的无数个决定，比起有意识的决定，无意识下做的决定更多。用餐的时候虽然是人为地舀了食物，送入嘴中，但事实上，手和嘴是在大脑输入信息下的一种机械运动。我们用餐的行为完全是在无意识下进行的，但我们往往会误认为是自己判断后做出的决定。

在我们生活的这么长的时间里，大脑输入的条形码支配着我们的行为，我们都是在无意识地执行，却总是对此茫然不知。大脑的条形码实际上支配着我们的行为，我们把此称之为"习惯"。

习惯不是一蹴而就的。习惯是从小就形成的，而且通过人的一生的时间强化变得更加牢不可破。因此，改变习惯的概率也很小。

"习惯的力量"可以从"我们将以怎样的面貌生活下去？"这一人生最本质的疑问中寻找答案。即在生活中，拥有优质的唯一信息，在无意识的领域中自我接受，并在生活中进行实践。长此以往，我们就会形成好的习惯，这种良好的习惯是自我成长的源泉。

话语对生活习惯有着巨大的影响。根据你所持有的好习惯或是坏习惯，嘴里说出来的话语也会截然不同。从小形成的话语习惯会在无意识的情况下原样显现，这就是话语的习惯，即"语气"或"话语习惯"。

想要获得良好的人际关系及成功的生活，或是想拥有真正幸福的话，一定要形成良好的语言习惯。如果一开始没有形成好的语言习惯，那么哪怕从现在开始也要积极地做出改变。正如之前提到过的，这也不是一件容易的事情。所以，需要两倍甚至三倍的努力。但，这是为了自己美好的人生，必须要付诸努力。如果没有强烈的信念，不停地加以努力的话，是不可能成功的。为此，首先要改变自己的思考方式，在大脑中输入新的信息。比如，像以下示例的一样：

★有对所有的事都要进一步加以考虑的习惯。

★有树立明确的目标，不达目标，决不放弃的习惯。

★有勤劳的习惯。

★有积累小成功的习惯。

★有培养忍耐力的习惯。

★有记录及探讨的习惯。

★有绝对遵守约定、积累信用的习惯。

★有绘制实现目标宏图的习惯。

这样坚持不懈地努力培养类似的行为，大脑会把这些有用的信息进行识别，逐渐改变大脑中已形成的坏习惯，把这些新信息在无意识下表现出来。

第一个过程即话语。渐渐地，你说话的内容会改变，不好的语言习惯随着大脑中新信息的输入，会转化为好的语言习惯。好的话语。积极的话语、有发展指向性的话语，会从你的口中说出。简单而言，改变了不好的语言习惯，不好的话语也会随之消失。

幸福是一种习惯

爱尔兰有一位农夫，很是幽默，他常常唱着歌，吹着口哨，连做事的动作也非常轻快。无论谁见了都会认定他是一位快乐的农夫。村里的人问道，成为你这么快乐的人的秘诀是什么啊？农夫笑着回答：

“非常简单。幸福是我的一种习惯。我每天醒来和睡觉的时候，都会为家人、农作物及牲畜等祈福，总是感谢上苍赐予我的收获。”

正是如此。幸福是一种习惯。无论是谁，如果以幸福的心态生活，就会真的变得幸福。即使对于小事或很少的东西也会感到高兴，满怀感恩之心，那还有什么不幸福的理由呢？有无休止的贪念，想比他人拥有更多，总想要超越别人，才使得我们不幸福。为了找寻幸福，以下几种做法值得参考。

★单纯地思考，那么话语也会变得单纯。

★不要过于害怕某种结果，为此你要自信满满地表达。

★享受你所做的事，那么你就会经常说愉悦而又轻快的话语。

★满足于当前的生活，那你就不会说出消极的话语。

★遇见他人时，总是说愉快而又积极的话语。

★不要回避问题，理直气壮地面对，那么你所说的话也会理直气壮的。

★把你生活的每一个瞬间都认为是成功的一刻，那你就会说出能使自己成功的话语。

★活在计划之中，那你就会说出具有未来指向性的、满含希望的话语。

★赶快忘记不好的事情，那你就能把坏话、诽谤、辱骂等消极的话语一起忘掉。

忠实于自己的情感

人类是感性的动物。每次与自我的碰撞都会产生只有自己才能领会到的情感。但我们总喜欢尽可能地隐藏自己的情感，这是由于过于在乎对方的缘故。高兴得快要疯了，想要欢呼雀跃地跳起来，也会强压自己的兴奋；即使想要放声大笑，也会为了注意形象或场合而闭紧嘴巴。

即使去海外旅游，比起内心的欢愉，人们更偏重外在的行为——争分夺秒地拍着照片；比起深入地专注于某处，更希望尽可能多地去观赏一些地方。当然，也有可能是为了制造美好的回忆，所以想要体验更多的地方。但也有想要在旅行之后，为了向他人炫耀更偏向外在的行为。

为了维护面子而过度在意他人，这种行为并不可取。长期压抑并隐藏自己的情感，就会逐渐形成一种习惯。因此，我国公民才会不善于表达情感。不要去在意他人，请忠实于自己的情感吧。

当然，打破他人的说话氛围，无视应有的秩序，是一件比较困难的事情。那至少在独自一人的时候，尽情地展现自我吧，享受畅快淋漓的快乐感吧！这样，你所积攒的各种压力也会随之消散，而且也会带着积极的思想，说出愉快、积极的话语。

另外，不要过于追求完美。只要不是神仙，任何事情都不可能做到完美，略有不足也能成为另一种魅力。为了追求完美而费尽心思，反而不能很好地表现自己的情感。

把忠实于自己的情感这句话说得更简单点，那就是“时时刻刻解开心结，放松心情”。女人们还可以通过唠叨来缓解心情，甚至可以展现出内在的自我。男人比起女人更难展现出内在的自我，所以急躁、发作的情况很常见。女人因为能够很好地展现内在的自我，所以，话语更加柔软，情感也会更加丰富。

掌握温暖人心的说话语气

与生活在最底层的人一样，满嘴污言秽语的人获得成功的概率几乎为零。话语能真正体现一个人的人格。说话卑贱，其人本质也卑贱；说话无知，其人也无知；说话消极，其人也必定态度消极。如果意识到自己的话语比较粗糙或是低俗，一定得尽快改正。因为这是在降低自己的人格，丢弃他人对自己信赖的行为。

人说的话语要具有一定的水准，要温柔、积极并且自然。当然，只有在任何情况下都保持平常心，才能说出温柔积极的话语。

举个例子吧，比如，你收到了一句很平常的问候："最近过得怎么样？"根据你积极的、普通的、还是消极的话语习惯回答也会有所差异。

持有消极型话语习惯的人常常这样回答："最近不怎么样"，"真是要死要活的"，"你看我什么时候好过啊"，"别问了，还没死呢"等等。普通型的则是："就那样吧，马马虎虎"，"还过得下去"，"还凑合"，"就这样吃吃喝喝呗"。积极的回答是："啊，很好啊"，"一切都挺顺利的"，"嗯，最近心情挺好的"，"最近生活真是有滋有味"。好好想想你属于哪一种类型吧！

时间和话语就像阳光、空气一样，都是免费赠予所有人的。正如根据一个人如何活用自己的时间，人生也千差万别的道理一样。根据如何使用一个人的话语，既可偿还千万债务，也可消除别人对你的憎恶之心。分析一下自己经常使用的话语，就可以预测自己的未来。

另外，还有口舌术和舌祸这两种说法。因为一句失误而受到侮辱的情况，被称为口舌术或舌祸。口舌术大多是指被嚼口舌的受害人强烈地进行反抗，或某个组织受到不当辱骂而进行集体性的反击。舌祸类似于因随意传播不可确定的事而引发巨大的问题。要知道，说出去的话收不回来，情感也是如此；要始终保持警惕之心，小心说话，敢于对自己说过的话承担责任。根据对成功人士的话语分析的结果，他们的话语习惯大致如下：

1. 下定决心有所成就。

2. 即使是小成功也互相祝贺。

3. 比起责备失败，更注重承认成功。

4. 比起发火，更享受愉悦。

5. 责怪他人之前先责怪自己。

6. 与对方的情感保持一致。

7. 说积极的话语。

8. 使用能让对方高兴的称呼。

9. 即使去唱歌，也点快乐的歌。

有一件值得参考的事情，是我在首尔忠武路一家紫菜包饭店的亲身体验。我在偶然间发现了这家店与其他同类店不一样的地方。这家包饭店由于周围企业众多，比起在店里销售，他们更侧重于外卖。几名大学生模样的打工者是这家店的配送员。

他们来来回回，马不停蹄地忙着。饭店主人每次看他们配送回来时，总是亲切地对他们说道："先休息一下"，"悠着点，别着急"，"路上小心"，"瞧你这满头大汗的，快喝口水"。

真是位慈祥的人啊，我心里称赞道。后来打听了一下才知道，这家饭店是国内紫菜包饭店中数一数二的大师级饭店。在一个领域中已经做到最高成就的人，竟然能这样亲切地关怀他人，真是让人为之振奋，怪不得打工的大学生们会如此马不停蹄地努力工作。为了追逐成功而命令、威胁、催促他人，还不如使用温暖、饱含关怀的话语，效果更佳。同样的，说错一句话也可能破坏全局，使得朋友转变成敌人。古语有言："祸从口出。"

本人进行讲演时，经常强调的一个词是“哇”。这个词有肯定对方的含义。“哇”可以解释为好、感激、惊讶等，还可以解释为“棒极了”。

“哇，你说得真是太棒了！”

“哇，做得真好，你真是太棒了！”

“哇，你说得方法真好，太棒了！”

对方看到这样的反应会非常高兴。若想持有类似积极的思想，必须时常怀有感恩之心。

把“谢谢”，“我很幸福”时常挂在嘴边，对于琐碎的小事也要懂得感谢，得到微小的帮助也要感到幸福。这样，你会每天生活在快乐之中，并向积极的思想转变。

正如之前所说的，说出去的话就像射出的箭，飞不回来。因此，说话要小心谨慎，情感表达要丰富。另外，到目前为止，我一直在强调的是，话语很重要。

嗓门高的人说话夸张；模棱两可的人自信不足或是在说谎；唠叨的人可信度不高；过激的人容易耍赖；美好的话语能治愈伤口；轻率的话语会招致纷争；鼓励和称赞能使人兴奋。话语就是体现人格的载体，话语中必然透露你所有的人格。

高尔斯华绥曾说：“人的眼睛诉说着一个人的现在，人的嘴巴诉说着一个人的未来。”笔者完全赞同这句话，它形象生动地指出了话语是多么重要。

絮语是心灵的补药

自由表达情感

目前，我国也迎来了长寿时代，即使是平均预期寿命，女性也超过了80岁。随着时间的推移，男人的寿命也在逐渐增长。如今，我们迎来了老龄化时代，国家也正在对老人福祉问题进行改革。

但依旧有一个问题，以2011年的统计结果为标准，我国男女平均寿命差足足有六年，女人的寿命更长。不仅我国如此，任何一个国家女人的寿命都要比男人更长。即使从生物角度来看，女人在生理方面也有几个原因导致比男人寿命更长。

女人寿命长的原因当然极其复杂，但本人认为与情感表达有着相当大的关系。女人比男人情感表达更为自由，并且善于调整情绪。可能是由于传统儒家学说的影响，我国的男人把抑制情感表达当成是一种美德。

为此，无论在什么时候，男人都努力保持严肃谨慎的态度。现在这种状况虽然大有改观，但我们从拍的照片可以看出，大部分男人依旧保持着严肃而又认真的表情。这与西方人拍照时灿烂的笑容形成鲜明的对比。这是由于严肃、真挚、严谨的表情已经内在化，与我们形成一体。

说得通俗一点，我国的男人过于装腔作势。他们认为以这种严肃真挚的表情拍照，能给自己带来沉稳感，易于让人产生这人很是稳重的想法。这就是错误的脸面意识。为此，越是位高权重的人，脸上越是喜欢挂着这种严肃真挚的表情。这有时候可能会成为一种优点，但坦率地讲，这是一种伪善的态度。这样的人，往往不擅于表达自己，会不自觉地压抑及隐藏自己的情感。

话语也是如此。男人有尽可能隐藏或压抑自己的情感，有沉着而又严谨的说话习惯；也有一种说法是男人的话语如千金，所以他们把少说作为一种美德；也有可能是因为不想说废话，或是怕对自己说的话负责，而尽可能少说话。事实上，对男人的教育就是如此的。所以，我们周围冷漠呆板的男人很多。

与其说男人言语谨慎，倒不如说他们隐藏情感的情况更多。也是，如果男人贫嘴滑舌，说话轻狂或是过于夸张地表现自己，看起来也不像回事。但如果过于呆板或装腔作势的话，也让人起警戒心，不利于社交。

不仅如此，如果抑制或隐藏自己的情感，人的情感表现或表达就会受到严重制约，从而承受巨大的压力。如果持续这种生活，就会不停地积攒压力，最终会引起疾病或突然爆发，很容易引起莫名其妙的事故。现在的男人们不知怎么回事，因为不能自由地表达自己的情感，从而蚕食自己的寿命，使寿命缩短。

相反，女人在情感表达这一方面要擅长得多。她们不抑制自己的情感，即兴表达情感的情况很常见。另外，女人比男人说话更多。一般而言，女人比男人平均要多说三倍的话。有人指出这是由于女人与男人在声带构成上有所差异，所以说话比较絮叨，但我个人认为，心理原因更占主导因素。

男女心理差异很大。一般而言，男人理性，女人感性。当然，这是相对而言的，并不具有绝对性。但的确是女人比男人感性得多。因此，女人在情感上更为敏感，她们通常要把所感受到的情感以及内心的真实想法及时地表达出来，才会心情舒畅；否则，接收到的情感会郁结在心里，心情郁闷而无法排除。长久下去，神经会变得敏感焦躁，甚至可能产生忧郁症。

因此，女人喜欢唠叨。她们喜欢三三两两地聚在一起，把交织在一起的各种情感倾吐出来。即使是打电话，女人花的时间也比男人长很多。男人只是传达主旨，而女人不但要传达主旨，而且喜欢把细腻的情感全都吐露出来，甚至连看的电影或演出，女人也会仔仔细细地娓娓道来。所以，通话时间怎么可能不长呢？！

女人通过唠叨可以获得的好处是，因无条理地吐露情感，比起男人，她们能更好地缓解压力、平和心境。也许正是由于这一点，她们的寿命才会比男人更长。另外，女人间通过互相间的唠叨，能获得许多有益的生活信息，这让她们无论在实际生活还是生存上，都能获得巨大的帮助。这也许是女人长寿的第二个秘诀。

最近，男人也开始像女人一样，唠叨的情况有所增加。比如，据在德国基督教洽谈会中担任电话商谈的牧师特劳戈特·韦伯所言，随着电话的普及，来找他进行商谈的男子多了很多。即使在几年前，来进行商谈的男子还是很稀少。最近一段时间，前来商谈的男子已超过了总数的15%，并还在继续增加。

女人无论谁在旁边，也不怎么会感到拘束，并能享受通话的乐趣。她们先天性地善于使用话语表达自己的问题，所以喜爱通话。但是男人不喜欢在他人面前谈及自己的私生活，所以不太喜欢电话通话。但随着手机的大量普及，男人可以找一个周围没有人的地方用手机沟通，所以电话商谈有所增加。

如此看来，男人想要表达内心情感的时候也相当多，但因在意他人的存在可能会影响体面，所以加以回避。如今，利用手机，他们也可以无所顾忌地吐露心声了。即使是分析问题，也并非简单强调要点，而是像女人一样，长时间唠叨，以此来释放内心的压力。

现实生活也正是如此。虽然我国的洽谈机构并不多，洽谈文化也没有很好地发展起来。比如，通过SNS表达自己各种情感的男性比女性多得多。

虽然也有不少恶意的、莫名其妙地难为对方，或提供假消息等问题，但这个工具可以让人毫无顾忌地表达情感，是不争的事实。利用SNS这种工具，对自我情感表达也有很大的帮助。它的便利之处在于，可以通过匿名的方式把所有郁愤不平的事情，完完整整地展露出来，达到舒缓压力、放松精神的效果。但是，持有消极思想的人，即使在SNS上，也无法从消极的思想中摆脱出来，看问题的方式依旧不会变。

所以，要想真正做到情感表达，使用对话和语言的效果要比使用文字好得多。如果男人也像女人一样，能坐在一起闲话家常，毫不犹豫地表达自己的情感，听取他人的意见，接受他人的好意与关怀，这对自己的发展及拥有积极的态度有很大的帮助。男人也需要表达自己的喜怒哀乐。最近，比起呆板、威严的男人，女人更易倾心于情感丰富、多情的男人。因为，彼此可以交流情感，更让人感到舒心惬意。

这种情况我们在医院也经历过。不管多么权威的医生，如果为人呆板严肃，那么很难得到患者的青睐。我们都喜欢温柔多情、善于倾听患者的感受、仔细向患者说明病情的亲切型医生。现在，不要再拘泥于传统的男性观点或是碍于面子隐忍不说，请成为一个懂得坦率表达自己情感的男人吧！

绝对坦率

众所周知，当今社会是竞争型社会。竞争必然会划分出胜者和败者。胜者自然是欢呼雀跃，而败者往往会沉溺于失败的痛苦及挫折感之中。由此，社会便会形成分裂，充斥着冲突和矛盾。这种竞争型社会的副作用如此之大，因而，最近“共生时代”的呼声很是活跃。

想要互利共生，必须以信赖感奠定基础。另外，缺乏真心就无法给予对方信赖感。因此，真心已逐渐转变为一个必要因素。在这种世界性的潮流中，通用电气公司（GE）前会长杰克·韦尔奇强调的Cander备受瞩目。所谓的Cander转化成我们的话就是“绝对率直”，即意味着不瞻前顾后、不斤斤计较的真实性。

他认为在企业经营或是组织中，要以真情为基础，根据下属办事的方式、效果，坦率地表达自己的主观情感，并以对话的方式告知对方自己为什么这样评价，这才是真正的率直。

高级领导的哲学观为“水平人格观”。即无论是对上司还是对下属，他们都具有一样的人格，所以，不存在谁对谁进行评判的问题，都只是在和对方的行为进行情感对话。

坦率以真正的交流作为出发点。这不仅仅存在领导与下属间，各种组织、甚至在我们的人际关系中都很重要。错误的事情只有指出来，才能加以改正。通过坦率的反馈，加以努力，再次赢得新的机会，这才是真正的坦率。

不要因为关系亲密，或是不同辈分等缘故，就一味称赞。这样可能让下属在不知不觉间丧失成长的动力，最终被贴上无能的标签，被赶出该组织。真正爱护、关心一个人的话，是在他犯错误指责时，悄悄地把他喊到一边，不留情面地指责，再给予新的机会，并人性化地给予拥抱，这才是一位好领导应该做到的。

撇开组织，我们的人际关系也是如此。因为对方是亲密的朋友、有血缘的亲戚，就对其错误不加以指责，总是加以庇护，那对方就无法进一步发展。越是亲密的关系，越是需要绝对的坦率。对话的信赖性也是从坦率中发展来的。没有信赖性的对话，只是在浪费各自宝贵的时间。

话语力量是治愈的源泉

话语不仅仅是沟通思想的手段，还具有出乎意料的力量。著有《水的信息》一书的江本胜博士通过实验，得出了以下事实。

出人意料的是，水能反映一个人的话语和思想。比如，经常对水说“我爱你”、“谢谢”、“真漂亮”等，类似的积极话语，水的六角形结晶体看上去就会很美丽，很和谐。相反，你若反复对水说“傻子”、“白痴”、“该死的家伙”、“我要杀了你”等消极的话语，水的结晶体看上去会很难看。

另外，以美丽善良的心进行祈祷，会产生美丽的结晶体；以痛楚的心歌唱悲愤的歌曲，结晶体也会如实反映出来。

江本胜博士说：“一句积极的话语能让我们无比幸福，一个积极的想法所具有的自由力量也能让我们无比健康起来。”

虽然让人难以相信，但江本胜博士通过实验检验过，还是值得我们相信的。

我们大脑98%的细胞受到话语的支配，话语诱发行为。如此说来，话语具有成就力。据说以迫切的话语反复诉说梦想，梦想成真的概率会很大。另外，话语具有治愈的力量。所谓的愈合，最终也是通过话语治愈的。

有这样一则轶事。有两个人从乡下去首尔，为了到达目的地，他们坐了的士。那天，天气异常闷热，道路上车辆混杂，堵车很是厉害，难以前行。司机可能由于天气缘故，加上这烦人的堵车，心情相当烦躁。不要说是礼貌让行了，他不仅动不动就爆粗口，还随心所欲地闯红灯。车内充满了压抑的气氛。这时，一个人朝着司机说道：“在首尔开车一定很辛苦吧？但您开车的技术怎么这么高超呢？我还从没见过比你更优秀的司机师傅呢！”

瞬间，司机脑子满是疑惑，心想：“这人不是在耍我吧？”因为到目前为止，他还没听谁这样称赞过自己。这时，乘客继续说道：“在这种糟糕的交通条件下，想要驾驶好，真的挺难的啊！您可真了不起。您开车开腻的时候，一般去哪儿休息片刻啊？”在乘客持续的称赞下，司机脸上露出些许笑容。

“偶尔去江边转转，看看晚霞……，附近店里的热狗味道非常好。”

这之后，司机不再烦躁了，也不违章驾驶了。他沉着冷静，小心翼翼地穿梭于复杂的道路上，把两位乘客安全地送到了目的地。可能是听了称赞，心情好的缘故，他脸上满是笑容。

下了车的两人聊起天来。

“你怎么会对这种不良的违章司机加以称赞呢？”

“哈哈，我可是改变了首尔啊。”

“什么，改变首尔，这是什么意思？你一句称赞的话改变了什么啊？”

“哈哈，我既没花钱，也没做什么费劲的事，可是，你看司机师傅分明不焦躁了，心情也变好了不是？一句赞扬的话却改变了违章司机，这不是改变首尔吗？”

的确如此，一句温暖的话、鼓励的话、称赞的话，能改变一个人，也能改变我们的社会。这就是话语所具有的惊人治愈力。

通过自我催眠，培养积极向上的力量

有个大婶每天去市场买鲜鱼，但她每次都只买最小的。其他人都是尽可能挑选大鱼。店主很是不解这位大婶的行为，忍不住问她为什么。大婶这样回答：

“我家平底锅比较小。”

店主很是无语地答道：

“大婶，那您把平底锅换了不就行了。”

正是如此。改变想法，世界就会有所不同。对于一件事情，即使有51%的可能性，但因为49%的不可能性而放弃的大有人在；即使有51%的不可能性，但因49%的可能性而坚持的人也为数不少。这就是消极与积极思想的差异。

积极的人面对只有1%的可能性，也要进行挑战。虽然要冒巨大的危险，一旦成功，回报也是相当惊人的。实际上，引导世界前行的正是那些敢于挑战1%可能性的人。因为他们有积极的思想，带有希望、乐观的见解。

有两个在水井里打水的吊桶，一个叫希望吊桶，另一个叫绝望吊桶。绝望吊桶每次去井中打水的时候，都这样说道：

“真让人寒心啊，没有人比我更悲惨了。每次从井中出来的时候都是满载而归，但每次下井的时候，却是空空如也。”

但装满水往上提的希望吊桶却这样说道：

“虽然我每次都是空着下井，却每次都能满载而归，这是多么好的运气啊！”

相同的情况，不同的想法，造成了这么大的差异。就像我们经常说的一样，当杯子中放入半杯水的时候，有些人看着杯子高兴地说道：“杯子里还剩半杯水呢！”也有些人悲观地说：“杯子里只剩一半的水了。”相同的情况，积极和消极的人思维差异是如此巨大。

再举个例子。这是第二次世界大战时的故事。

有一次，攻击德国军队的一个美国小队完全处于被孤立的状态。小队的队员们抱着必死之心努力寻找突破口，但始终没有找到出口。此时，一个士兵奔向小队长报告。

“队长，出大事了。”

“什么大事？”

“我们被德国军队完全包围了。”

“哦？是吗？非常好。现在我们可以向各个方向进行攻击了。全员攻击。”

这支美国小队最终存活了下来。这位积极乐观的小队长日后成了美国的将军。积极的思想把绝望转变为了希望。这就是积极的力量。

听说，我们的大脑想要中和一句消极的话语，需要40句积极的话语。给予伤痛很简单，治疗伤痛却很困难，需要负担很大的费用。

有一位叫欧斌嘎日的医生说道：“积极美好的想法促使身体产生有益的荷尔蒙，这种荷尔蒙对于治疗疾病具有很大的帮助。”

对于很难治愈的癌症病患也是如此。同样的癌症，根据患者是积极者还是消极者，治疗效果也有很大差异。即使生存率只有20%的希望，有人会说：

“我可以克服癌症。”

“我可以活下去。”

“我把癌症当成朋友，做好了一起走下去的准备。”

有这样积极意识的患者，无论是生存率还是完全治愈率都高得多。相反，有人会这样想：

“我怎么会患上癌症呢？我要死了。”

“我还能活几个月呢？”

像这样悲观的患者，很难熬过人生的这道关卡。可以说，看上去微不足道的想法，几乎决定了一个人的生与死。

如同仰望这个世界的人，根据他们的思维差异，这个世界展现出来的场景也不一样，消极和积极的人差异也很大。成功的人、幸福的人，大多数是持有积极态度的人。悲观地看待世界、否定可能性的人，很难获得成功。

相同的情况，根据认为“我可以做到”和“我做不到”这两种态度，其结果也差异巨大。认为自己可以做到的人，他们把想法和努力都集中在能做成的一方面，最终能够达成目标；而认为自己做不到的人，其注意力主要集中于不可能这一方面，因为否定了一切可能性，看不到积极因素，越是往后，越是失去了成功的欲望，所以只能得到悲观的结果。

而且，失败后想法往往会自动与之前的态度相互匹配起来。

“看吧，我说做不到吧！正如我所说的不行吧！”

像这样自己安慰自己，认为自己的判断很正确。事实上，这不是不行，而是你什么都不做造成的结果。

因此，消极的人什么也做不成，内心充满不平与怨恨，批判这个世界。他并不能意识到失败的原因在于自己内心的态度，而把所有怒气发些到他人或是整个世界。

成功与失败的距离其实不过是一张纸的厚度，根据你的态度如何，产生不同的结果而已。转变思想，你就能改变你的人生。

那么，我们该如何转变思想，如何把消极的思想转变为积极的思想呢？我们一起来看一下改变的方法吧。

影像训练

“心像”通过动员我们所有的感觉，记忆起经历过的事情，绘制成崭新的“像”。更详细地说明的话，它被称为大脑中的“映像”。

影像训练是通过在大脑中绘制自己的模样进行训练的方式。就像高尔夫选手，在大脑中刻画练习的模样，熟悉挥动棒球的动作，回忆现实状态中打球的场景，熟悉比赛氛围和应对突发状况的训练。

乍一看，你可能会有疑问，这能提高什么啊？但体育科学化以建立自信感为方法，提高选手技能，应用非常广泛。特别是在像滑雪或赛车这种高速的竞技比赛中，因为要面对瞬间危险，更需要超强的技能及“我能做到”的自信感。

为了增强自信，需要想象无所畏惧地通过危险的瞬间，以最高速度冲刺的自我面貌来进行影像训练。

高尔夫虽然不算危险的运动，但却是以自信感左右成败的心理运动。自信满满的选手无论处于多么危险的环境，都能克服危机，但缺乏自信的选手却会在瞬间崩溃。自信感是从过去丰富的经验及记录中建立起来的。没有经验及良好记录的选手常常不安，越是遇到危机，自信感越是降低。

不仅仅是高尔夫选手，连喜爱高尔夫的人，大脑中也会不知不觉地留下许多影像记录，包括挥动球棒在内，在各种比赛中失败或是成功的经验，都会以影像的形式记录下来。在进行新的比赛中，突然想起过去的失败或失败的痛苦，自信感会在瞬间萎缩。如果继续失败，自信感会越来越弱，整个人被焦躁和不安包围。

像这种情况，要通过影像训练，把不好的经验从脑中删去，种下美好的影像，尽量体验成功的喜悦。这样就可以重新找回自信，产生新的勇气，在下次的比赛中获得好成绩。

影像训练的原理相当简单，把积极的影像持续种植在内心，最终将这些影像转变为现实。所以，影像训练可以称为开发人们潜在能力的一种能力开发程序。影像训练通过坚定地相信自己的潜在能力，如果对自己的潜在能力信心满满，效果是非常强大的。

回忆自己做得好的事情、受到称赞的事情、好的经验等。通过训练过程产生自信的话，消极的思想也会转变为积极的思想。

进行影像训练的时候，内心的影像与实际影像越接近越好。不是让你的思绪漫无边际地飞舞，而是重现当时的画面、当时的内心感受。当然，一开始并不是很简单的事情，所以需要对影像导入多加练习，才能熟能生巧。

即使闭上眼睛，大脑也能轻易地回忆出自己家的模样，对自己坐在客厅时的样子也是记忆犹新。集中注意力，然后回忆自己转头看墙画的模样，在脑中画出墙画的内容，可以先以此作为练习。另外，调动自己所有的感官，感受一下用手触摸自己坐的沙发的触感，以此进行集中式的练习，大脑中会渐渐产生鲜明的影像。如果有录下的自己的视频，你可以从第三者的角度去观察自己，以客观的角度评判自己对话、演讲时的模样、动作等。对其中有问题、不自在的地方进行辨识并改正，自信感就会变强。

自信感增强后，消极的想法会逐渐转变，“我做不到”这种意识会转变为“我能做到”。专家把实现梦想的过程概括为：“首先在脑海中鲜明地绘画，之后下定决心或设定目标，然后进行具体的行为计划。”

影像训练最好经过此过程——反复描绘自己的好形象、自己能做好的影像等，等该影像鲜活起来，能让你产生足够的自信后，继续在脑中刻画自己梦想成真时的场景。简而言之，就是不断刻画自己成功的面貌。

当自己成功的形象变得鲜明，并能够维持下去的时候，自信感会更加强烈，此时的你会拥有惊人的积极思想。之后，面对自己成功的面貌确立具体的目标，自信感稍微再加强点的话，你就能为实现自己的目标而制定出几条切实可行的计划。

在此过程中，如果消极的思想依旧存在，那就加以去除。仔细想想自己的话语、想法以及行为是否有消极的一面，下意识地记住不要重复错误。如果常常闪现消极的想法，就坚决地对自己说“Stop”对自己所说的声音越高，效果越佳。例如：每次赌徒想去赌博的时候，大声对自己说“Stop”，那这份欲望就会在瞬间消失。

影像训练的特征其实是一种“自我催眠”。自己对自己催眠，不是“我想成为这样”，而是“我已经成为这样了”。比如，进行以下催眠，效果巨大。

我一定能做到。

我实力已经很强。

处于逆境时，我反而热情倍加。

我非常享受自己做的事。

我在何时何地都积极勇敢。

我专注于当时做的事情。

越是碰上大事，我越是沉着自如。

坚信一切都将变好的自我暗示

自我开放

想要在现代生活中回避压力，几乎是件不可能的事情。无论是谁，都会受到压力，只是压力的轻重不同而已。问题在于，一般情况下，压力被不断积攒。只有适当排解压力，精神与肉体才能都过上健康的生活。关于这一点，心理学家主张“自我开放”。

“自我开放”就是展现内心的自我表达，其中也包含自我表达训练。坦率地讲，我国的文化、环境、教育条件中几乎不包含情绪管理及控制情绪教育。我国绝大部分国民在自我表现、压力管理、自我情绪、情绪管理，以及控制教育方面完全陌生。即使如此，在生活中，我们也没有闲暇时间去思考这些，反而被迫去解决更为急迫残酷的现实问题。

自我开放、自我表达不仅能缓解压力，还可以成为解决问题的钥匙；另外，还能让人进行正确的沟通。我们通过说话将内心的压力、心结、苦恼、矛盾等合理地释放，以此来寻找排除压力及解决问题的头绪。通过吐露情绪和所处状况，能达到净化作用，从而减少大量消极情感及悲伤情绪。

自我开放要以自我变化的需求为主。承认自己在生活中存在的问题，不加掩饰，进行开放式治疗及消解，这必然能成为变化的契机。当然，不能以自我开放为借口，毫无保留地什么都说出来，这既不可行，也没有这个必要。

比如，公开子女致命性的个人问题、夫妻间的矛盾、伴侣的婚外恋等不道德的行为。这种开放，可能一不小心，会引发其他问题，带来更严重的压力。

另外，如果毫无保留地吐露有关自己的一切问题，那受到损害的只能是自己。不仅如此，自我开放绝对不是长吁短叹或自炫其能的机会。自古有言，绝对不要刻意隐藏自己的疾病。只有让其他人了解自己的病症，才能找到有效的治疗方法，自我开放同样如此。要积极向那些真心帮助你的人寻求安慰、鼓励和解决问题的方法等。

一般而言，谈及他人时，我们会努力寻找一些积极的话语。当然，也不乏有些人一定要对他人说三道四，才内心舒畅。对大多数人而言，指出他人的缺点是一件困难的事情。

在职场生活中，很多人感受到来自上司的压力。上司性格孤僻，单方面的无理要求很多，或为人粗俗而敏感，随意指责下属，甚至伤害下属的面子，这种情况很多。

像这样因上司而产生的压力，不仅会让人讨厌上班，失去做事的念头，而且在精神方面也会遭受严重的痛苦。持续这种压力的话，在不知不觉中，可能引起个人性格的变化，而且基本上是朝着消极的思想转变。比如，会有如下想法：

“和那家伙干一架试试？”

“辞职吧？”

“把他揍一顿，然后走人！”

“怎么向那家伙报仇呢？”

“公开他龌龊的行为吧！”

这些都是既负面又极端的想法。虽然想尽力忍耐，但不知不觉突然急躁地爆发，并做出一些无厘头的事情。即使向某个你自认为信得过的人倾诉，也常会担心自己所说的内容万一传到当事人的耳中而惴惴不安，这种情况并不少见。长此以往，就会积压成病。无论怎么样，都要通过自我开放进行排除。

急躁的性格不能随时爆发出来。想要做到自我开放，在事前要进行充分的自我准备，要好好准备如何具体地把某些内容井然有序地表达出来。之后要像前面说的一样，不要像在诉说别人的事情一样，要以自己为主语，冷静地向当事人诉说。比如，对方是职场上司，说话时要注意举止得体，最好单独和上司聊一下。首先具体地说明为什么是对方的问题，告知对方其行为对自己产生的影响，并坦率地吐露因此给自己造成的情感困扰。之后注意对方的反应，倾听对方所说的内容。

反应大概为如下几种。

“呀，你竟敢这样……”突然发火的人也有。

“其他人都没有任何不满，为什么惟独你有这么多不满哪？”

“这么讨厌我的话，你辞职不就行了吗？”这样提高嗓门喊的人也有。

但那些不知道自己的行为会给人带来如此大压力及伤痛的人，也有可能真心悔悟，并下决心改变。为挽救自己的颜面，大放厥词的人也有。另外，还有些人会指责对方无能及缺乏变通性。

虽然很难全部概括所有的反应，但不论对方什么反应，都不要还嘴。如果只知道互相辩解，大声喊出自己的主张，终会引发吵架。这样，不要说通过自我开放来缓解压力了，反而会受到更大的压力，事态会更加恶化。

无论对方做出怎样的反应，不要打断对方，一定要听对方说完。之后，冷静地指出不能说服你的一两个部分，表达自己的见解。特别是结尾要总结好，才能达到自我开放的效果。

“我想要说的都说完了，没有其他的不满了。”

另外，可能的话，称赞对方的优点也是非常好的行为。

“这方面我真的非常尊敬您。”

“我想向您学习这方面。”

“我非常喜欢这点。”

这样强调对方的优点，无论对方做出怎样的反应。

“我听清楚了。”

“我也会更加努力的。”

“您指出的部分我会努力更正的。”

这样结尾比较好。像这样的自我开放，对方虽然可能因为颜面发火或加以辩解，但也会以此作为反省的机会，在以后加以改变。在对方做出改变时，要把之前的自我开放完全放下，然后像对待一个新人一样，无所顾忌、爽朗地诚心相待。这样才能强化彼此间的关系。

即使是亲近的人或同龄人，方法也没什么不同。关键点在于，不能为了自我开放而突然爆发自己的情感。不由分说，像训诫一样，对对方张口就骂，以“你知道我有多愤怒”这种追究方式的自我开放，反而会带来逆向效果。比起这样，不如冷静倾诉，“因为你这样的行为，我内心有些煎熬。如果我们之间有所误会的话，我希望能趁此机会解开，在此想听听你这样做的理由。”

冷静地说完后，也要听完对方的话语，要沉着绝对不要争吵。如果自己有误会的地方，要坦率地承认错误，该道歉的进行道歉。最后，对话结尾一定要做好。

自我暗示

自我暗示与自我催眠类似。正如帆船随风起航，自我暗示的法则也是随着个人想法，要么成功，要么破灭。因为我们的大脑不具备准确区分消极语言的能力。

“我从明天开始，绝不再迟到。”

这样下定决心的话，大脑只能认知到“迟到”二字，因此大脑依旧会向我们的身体下达迟到的指令。所以，要把否定式改为肯定式的想法，比如“我从明天起要早起上班”这样表达，大脑就会接收到“早起上班”的指令，这样才能避免迟到。

同样的道理，把写有“不要踩踏草坪”字样的牌子插在草坪上，比起“不要踩踏”，反而激起了人们踏入草坪的欲望。再比如，嘴里反复地说“太累，烦死了”，这声音就会通过耳朵传入大脑，大脑会想：“这么累这么烦，怎么能假装很好呢？”这样传达给全身，全身就会积压不好的压力荷尔蒙。

像这样，话语通过嘴巴传达到外界，根据大脑的指令，再次反馈给自己。平时使用消极话语的人总会出现消极的结果；常常使用积极词汇说积极话语的人，自然会得到积极的结果。

消极思想与积极思想的差异就是如此巨大。所以，自我暗示要长期持续使用积极的话语，才能获得效果。构成自我暗示法的最基本要素为“安慰剂效果”及“卖花女效果”。安慰剂效果就是众所周知的“伪药效果”。具体而言，给患者并没有疗效的假药，却谎称药效奇特，患者吃了假药后，病情神不知鬼不觉地真的好转了。

有一个来自“古希腊神话”的故事。雕刻家皮格马利翁雕刻了一个他理想中的女性塑像，刻完之后，发现雕像异常美丽。他每天都祈祷能出现一位和雕像长得一样的女子，能与他相爱。他的祈祷是如此强烈，如此迫切，终于有一天，雕像真的拥有了生命，变成了一个女人。像这样，恳切的祈求最终实现，人们称之为“卖花女效果”。

一位叫埃米尔·克的人在乡下作为药师生活的时候，亲自体验了卖花女效果。他发现了这个令人惊异的理论，创造了自我暗示法。自我暗示法的核心是，通过自我暗示增强信心，反复使用积极的话语，引发根本的变化，赢得积极的结果。

1970年被美国经济专业杂志《福布斯》选定为40～50岁年龄段财阀的克莱门特·斯通出生于一个贫寒的家庭。他在年仅6岁时就开始卖报纸，16岁时因母亲是保险公司外派员的缘故有幸在放学后，开始跟着母亲卖保险。这是他成为世界级保险销售人员的一个契机。他从保险销售员开始做起，在20岁时，就成为率领1000名员工的保险公司社长。

他每天早上上班的时候，都会大声朗读贴在桌上的句子。句子内容是这样的：“我今天心情很好！我今天很健康！我今天很棒！”

另外，听说他早上都会让员工高喊“现在开始工作”这个口号50次，然后再进行工作。

其结果是，他的保险公司即使在1930年美国经济大危机的时候，销售额也相当高，在1960年成长为超过5000名职工的大企业。他每天高声朗读以及让员工们朗读50遍的话语，都是积极的话语。这样连续不断地朗读就是对自己的一种催眠，从中获得了积极的结果。

克莱门特·斯通说：“人与人之间的差异甚微，但是这甚微的差异中也可能制造出极大的差别。细小的差异是态度，巨大的差异是该态度是属于积极的还是消极的。”

自我暗示也会引发消极方面的问题。持续以消极的话语进行自我暗示的话，就真的可能获得消极的结果。例如，总想“我恨那个家伙，我一定要向那个家伙报仇！”这样持续自我暗示的话，你真的会做出相应的行动。但是，这样做会给自己带来巨大的损害。究竟是进行积极的自我暗示，还是消极的自我暗示，都取决于我们自己。

每天早上像克莱门特·斯通一样，在工作前说20遍“我每天在所有方面都有所好转”试试，看看究竟能给你带来多大的效果。

第❸章

克服畏惧和自卑感

总是费心发现他人的优点，就能把罪人转变为圣人。

——《犹太法典》

克服演讲焦虑情绪

每当笔者在演讲中问道：“你有害怕的事物吗？”“你在害怕什么？”大体上会得到如下几种答案：“他人”、“死亡”、“自我”、“妻子”。

如果说“死亡”这个答案还能让人觉得情有可原，“妻子”乍一听，让人倍感困惑。这个世界怎么了？究竟是什么原因，竟然让人对与自己最为亲近的妻子感到害怕？当然，这种害怕也许只是男士们一时夸张的说法，与恐惧相差甚远。或许，只是由于在现代社会中，女人气势较强，对丈夫干涉较多，才会让他们对其感到些许害怕。另外，害怕“自我”这种说法，相信一定能引起不少人的共鸣。

我们每个人，每时每刻都在进行内心挣扎，都在与内在的自我进行斗争，并且，想要在这场战争中获胜，绝非易事。因而，绝大多数人才会害怕自我。比如，在毫无准备的状态下，突然被点名要求上台演讲，这不是让人心慌意乱的事情吗？

人类作为社会性动物，通过相互交流适应社会生活。交流作为人类社会生活中必不可少的条件，一旦不畅，小而言之，危害个人；大而言之，危害社会。

交流不畅，便会产生情绪障碍，导致个体无法很好地适应及融入社会；对于社会或国家而言，会造成组织运行效率低下，难以在国际上通过有效的交流获取良好、稳定的外交关系。虽然交流的手段多种多样，但归根结底，都是从相互间的对话或个体演讲开始的。由此可见，对话、演讲在人际关系中的重要作用。

在生活中，无论是做生意，还是为了走向成功采取的各种手段，都离不开沟通，离不开卓越的演讲能力。也就是说，沟通是上天赐予人类的一种天赋、一种能力，它能够在人类交往中架起桥梁，为形成良好的人际关系奠定基础。

而且，当今社会是以信息化、世界化、产业化、多元化为基础的知识社会。在这种社会条件下，巩固基础知识并加以运用，比通过死记硬背学到的知识更为重要。即，在扎实的基础知识上，不断汲取需要的新知识，并堂堂正正、开诚布公地发表自己的见解，这样的人才能最终获得成功。

但随着社会的不断发展，生活的不断富足，随之而来的副作用也不可小视，最为代表性的问题是人际关系的疏远。这种现象正逐渐导致个体发表焦虑障碍的产生，使得人与人之间的相互沟通更为困难，甚至带来社会焦虑障碍。

发表焦虑障碍是社会焦虑障碍的主要类型之一。而社会焦虑障碍不仅表现在职业区别上，甚至在社会技能方面也带来不可小觑的障碍。因而，要严肃对待精神商谈。

曲朗的研究表明，社会焦虑的发生率占社会总人口的20%～41%。这些人群往往伴有随行焦虑或对社会状况感到愤愤不平。对一些人而言，这种不平甚至达到了回避社会的程度。

患有社会焦虑症的人，在面临人群时会产生恐慌，导致难以面向观众进行适当的讲演。因此，为克服演讲焦虑障碍，必须掌握行之有效的演讲方法。

有这样一种演讲治疗法，它是面向患有演讲焦虑障碍的患者研发的治疗法，大致分为三个阶段：

第一，在商谈过程中，找出商谈对象内心焦躁不安的原因，并加以引导疏通。此目的在于查明商谈对象现阶段经历的演讲障碍原因（创伤），从而寻找适当的治疗方法。

第二，让商谈对象体验各种出乎意料的状况，强化瞬间控制能力及处理能力。商谈对象可以在路边、公车、地铁、百货店等人来人往的场所及各种突发状况下尝试短小的演讲。长期的练习会使尝试者面对听众时变得更自信。

第三，经过前两阶段的充分训练及治疗，患者会开始适应实际情况。商谈对象对自己将要发表的活动进行分析，根据分析结果与演讲主题寻找资料，准备演讲稿。如果你准备的是广告计划书，最好灵活运用PPT，这能给听众带来更好的视觉效果。

演讲治疗法为演讲焦虑障碍者提供了一个提高社会适应能力的机会。通过此方法，患者可克服内心的消极思想，获得精神上的安定，完成饱含自信与激情的演讲。以下为演讲焦虑障碍尺度测试，敬请参考。

我的演讲焦虑症处于哪个阶段

分数：完全否定（1分），几乎否定（2分），一般否定（3分），经常否定（4分），完全不否定（5分）。

1. 在参加群组讨论时，一般感到内心平和。

2. 我想参与群组讨论。

3. 参与群组讨论期间，沉着自如。

4. 参加会议期间，沉着自如。

5. 会议中收到发言邀请时，沉着自如。

6. 在会议中回答问题时，感到轻松。

7. 对话期间，害怕发言。

8. 一般在对话中，非常轻松自如。

9. 与新认识的人进行对话时，非常轻松自如。

10. 我害怕演讲。

11. 我演讲的时候沉着自如。

12. 必须要发言时，能自信满满地应对。

各项都有5个评分尺度，总分60，平局40。如果测试对象是经常发言的大学生，平均分应为35。请核对自己的得分。

40分以上：无沟通交流障碍。

35～39分：稍有沟通交流障碍，没必要担心。

25～34分：有沟通交流障碍，需要加以训练。

24分以下：有严重的沟通交流障碍，急需系统性的训练。

（马克罗·斯奇制作的演讲障碍症测试尺度）

发表焦虑的真实面貌

人产生发表焦虑的原因在于，面对新的事物，自身知识储备不足，对要表达的内容了解或准备不充分，因自卑感或性格的缺陷而产生害怕失败的心理。除此之外，对听众反应的错误判断同样会引起发表焦虑。

演讲者对演讲结果过度担忧，对害怕心理过于专注，便很难将自己的注意力从自身转移到演讲或听众。特别是在担忧自己的某些言语会遭到反驳时，演讲者的紧张情绪更容易被加剧。

虽然演讲者千差万别，但对自己的要求却有一个共同点，即演讲必须出色。然而，人们往往没有意识到，演讲的出色与否，在一定程度上取决于演讲者的紧张程度。过度紧张导致的焦虑才是演讲中的问题所在。发言焦虑症，往往不是由于接触他人时感到恐慌的性格性障碍引起的，而是潜意识中过度在意演讲的重要性和意演讲的结果，过度紧张造成的。

简而言之，是“一定要做好演讲”的自我强迫观念及对听众反应的不确定性引发了发表焦虑症。更为具体一点，产生发表焦虑症的情况往往有以下几种：

1. 演讲经验不足。

2. 在过去的演讲中获得的听众反应不佳，或经历过屈辱性事件。

3. 过于担心失败。

4. 演讲内容准备不充分。

在上述情况下，人会产生紧张、焦虑的情绪；情况严重时，说话和行为都会显得过激，极不协调。这种焦虑心理从准备演讲起产生，在演讲前达到最高潮，在演讲中期适应，演讲结束后消失。

演讲焦虑症患者多为经验缺乏者，在面对演讲机会时会尽可能选择逃避。如果他们不能想方设法克服这种障碍，就很难做出精彩的演讲。

180度思想大转变

在聚会中，我们经常会有一些发言机会。抓住这种机会，不要回避，勇敢面对，告诫自己，即使紧张、害羞也要站起来发言。一而再，再而三地把握这种机会，勇敢尝试，便能轻车熟路，发表焦虑症状自然会逐渐减轻。若有意进一步减轻或消除这种症状，必须分析产生焦虑的原因，并尝试转换思维方式。下列几项内容是转换思维的关键点。

1. 把演讲看作一个自我锻炼的绝佳机会，改变“演讲很困难，过程很艰辛”的消极想法。

2. 不要低估自己的能力。要知道，只有自己拥有这样的能力，别人才会把机会交给你。

3. 不要把注意力过度集中于如何感动听众的强迫观念上，应集中于发表的内容。

4. 检查演讲大纲及练习是否充分，坚信只要准备彻底，就一定能做出精彩的演讲。

除此之外，若有机会，可以事先熟悉演讲场所，并设想一些可能遇到的突发状况，做好万全准备。

如何克服焦虑症

要知道，演讲焦虑症的问题点并不在于焦虑，而在于焦虑的程度。

内心的焦虑情绪，通常是由自身的焦虑倾向造成的。焦虑症自身本不是问题，处于焦虑中的这个事实才更让人紧张不安。

因此，比起刻意地否定或排除焦虑，了解如何克服焦虑更为重要。演讲准备的过程中，克服焦虑的方法有如下几种：

1．模仿榜样。寻找一个你格外喜欢或尊敬的人物，缜密分析他的价值观、自信来源、处事态度、说话语气、姿态行为等，并对该人物进行惟妙惟肖的模仿，直到能对他的一切都熟记于心。当你能对自己的模仿产生足够的信心，便可以开始研究属于自己的、独一无二的风格，并灵活应用于生活实践。

2．克服害羞。害羞是一种忌讳陌生环境或陌生人的心理。面对这种情况，必须通过自己的努力，加以克服。演讲时，面对听众，你就是主角，谁能替代你的位置？勇敢地相信自己，信心满满，果敢积极。无论是成功还是失败，都应坦然面对。“不就是这点小事吗？什么也难不倒我！”这样豪情冲天，还有什么能阻挡你呢？

事实上，听众往往感受不到演讲者内心的汹涌澎湃，也了解不到他们的紧张程度。所以，只要演讲者自信满满，游刃有余，演讲自然就会水到渠成。

3．语言暗示。焦虑症多产生于自我对话中，如果经常自我暗示“我能行”，便能缓解焦虑情绪。焦虑症患者，如果初次演讲结局令人沮丧，往后再次参加演讲，会尤为不安，并很容易陷入恶性循环。这其实是一种错误的意识在作怪。要知道，世上没有人一出生就是出类拔萃的演讲家，任何人都是通过经验累积逐渐提高水平的。

如果演讲失败，可以把此次经历作为一次人生的反面教材，缜密分析一下失败的原因：自己到底哪方面准备不足？演讲中焦虑感有多强烈？通过反复试验，减少失误，不断提高自我能力。此时，亦可进行自我暗示：“这次一定会比上次做的更好！”

如此反复记忆，下次的演讲一定会更精彩。

4．设定具体目标，调整自信。古话有云：“有备无患。”提前准备，做好应对措施，就能防患于未然，不至于总是惴惴不安。前面曾反复提过，焦虑的主要原因在于：准备错误，或准备不足。

准备不足，即使是天才也无法自信地走上讲台。当演讲者能够做到熟知演讲的意义与目的，明确演讲主题，知道如何展开演讲内容，缩减文章冗长部分，或提前准备好各段落间的衔接语句与事例，列好底稿大纲，还有什么不安的呢?

接下来只剩下演讲练习。可以把最生疏的部分练习到几乎全背下的程度。此时，你也会莫名期待演讲的到来。倘若担心演讲时会发生内容遗漏的情况，可以在原稿下画粗线或用彩色笔做标记，这样，演讲时这些部分便能清晰映入眼帘。

5．实战演练。即使准备的再多，也会有措不及手的突发状况，导致失误。因而，要尽量做到有万全之策。

根据演讲内容，分析使用怎样的语调、表情或姿态，怎样做才能充满幽默并抓住听众的心，并按照分析结果，加以练习。一种很好的练习方法是录制演讲，检查录音中不自然、不充足的部分进行修正，并勤加练习。这样，演讲时，就能够放松内心，产生自信，缓解焦虑，不易造成失误。

最后需练习脱离背诵似的演讲，只有摆脱死记硬背，做到声情并茂，才是一场真正的演讲。

6．站在讲台前要有积极的自我暗示。演讲前等待的一段时间，是最让人紧张的。此时，若因过于紧张而陷入“我好像做不好”这种消极的、强烈的焦虑感中，便很容易造成演讲失败。相反，如果反复暗示自己“没什么，我能做好”，就能产生很好的效果。如果感到口渴，可以喝些水，润润嗓子，这也有助于缓解紧张情绪。

7．开始前2～3秒给自己一个停顿期。站在讲台发言前，深呼吸，面向听众微笑。与听众对视时，深呼吸是缓解焦虑的有效方法。也可以做一些肢体动作，营造较好的氛围。比如，走一小步，或慢慢抬头看向观众，内心就会平和很多。

8．快速搜索几位看似和善的听众，面向他们进行演讲。演讲期间，很容易看到听众的表情，也很容易与坐在前排的听众四目相对。听众的表情肯定各不相同，他们中有些人会面带微笑，平静地看着你；也有些人，表情严肃，让你惴惴不安。因此，尽可能面向和善的听众演讲，有助于发挥。

但不能因此只把注意力集中在一两个人身上。中间，左右，有时甚至要看向后方的听众，才会显得自然。如果紧盯一个人的话，他们也会因意外而感到紧张。而且，其他观众也许会产生异样的想法。

演讲要领

演讲焦虑的形态多种多样。由于每个人的心理状态各有差异，克服的方法也不尽相同。焦虑的形成主要有两大原因：第一，心态不好；第二，准备不足。

个体心态千差万别。面对人群，有些人天生就缺乏勇气，会产生恐惧心理，往往心有余而力不足，不敢大声说话。而演讲的准备不足大致可以分为以下几种情况。

首先，难以把握演讲主题与演讲时间。如果规定的演讲时间为1小时，准备时，就要将符合演讲主题的内容压缩在1小时内。但越是在听众面前缺乏演讲经验的人，或长期没有站在听众面前发表过讲话的人，越难把握演讲时间。

如果只是在人前短暂发表一下个人见解，顶多也就10分钟、20分钟，对于大多数人而言，也许并非难事。但做一场演讲，时间往往超过30分钟。这时，情况又得另当别论了。很显然，没有细致的准备，是不可能轻易成功的。更何况，对于新手而言，1个小时绝对能算相当长的一段时间。坦率地说，对于到底要说多少内容才能填满1个小时，的确很难衡量。

因此，虽然很多人在演讲前的确做了细密的准备，可一旦演讲真的开始，常常会发生因准备的内容量偏少，达不到时间的情况；也有内容量偏多，时间到了演讲还没完成一半的情况。从结果上来看，这些情况都是准备不足的表现。演讲途中，发生了上述情况，演讲者怎么可能不陷入焦虑的情绪中呢？

另一种准备不足表现为演讲者对于演讲主题缺乏专业知识。如果演讲者自身对要表述的内容了解不足，当然会产生不安心理。比如，要求以“环境”为主题进行一个演讲，那就得综合考虑以怎样的水准、对环境的哪一方面，如何进行说明，自己想要强调的重点是什么、如何合理地承前启后。另外，如果本人专业性较强，知识水准超过一般听众，就要考虑如何抓住核心、如何缩减内容。这也是造成不安与压力的原因之一。

因此，根据演讲时间合理安排演讲内容，才能增强自信，发挥出好的水平。虽然之前也反复强调过经验第一，但经验不足时，只能通过勤加练习来弥补自身的不足。完成演讲稿后，按照规定时间，反复练习，查漏补缺；对内容量少的底稿进行补充，内容量多的底稿加以剔除，合理调节演讲时间。

之后是心理状态问题。心理状态很难调节，即使练习无数遍，结果依然不容乐观。也许在演讲过程中，你会突然忘记接下来要说的内容；也许会产生突发状况，导致大脑昏昏沉沉，毫无思绪；即使充分准备了底稿，也会发生失误。因此，为应对这些状况，应参照下列要领，做到有备无患。

1. 尽量背诵前面部分的演讲内容。
2. 制作详细的演讲大纲。
3. 把演讲大纲放在讲台上。
4. 尽可能背下大纲，在脑中形成清晰的演讲框架。

完成这些后，再次调整情绪以及心理状态，提醒自己，消除自卑感。要知道，自己感受到的精神压力，任何人都会感受到，这是一种普遍现象，没有必要惴惴不安。

另外，可以适当紧张。日常生活中，毫无压力的生活如同随波逐流的落叶，没有生命的光泽；适当的压力会带来进取的动力及生命的活力。演讲也是如此，适当的紧张情绪，怎能让人更加集中注意力。比赛中的选手，如果毫无压力、完全放松，还能在比赛中集中精神，全身心投入比赛呢？

众所周知，田径运动员或游泳选手在起跑线上，总是精神紧绷，但注意力高度集中。只有这样，他们才能更为敏捷地对出发信号作出反应。当然，也会发生身体先于信号反应而失去参赛资格的事情。女子花样滑冰选手金妍儿也曾透露，她也曾因为担心回转跳摔倒，而感到焦躁。比赛关键时刻，就连观众们的心都常常提到嗓子眼，更何况是正在比赛的选手们呢？这种紧张情绪可想而知。在一定程度上，紧张就是注意力。

一位名叫迈尔帕坦的短跑田径选手，在比赛开始前，神经异常兴奋，甚至达到看不清人脸的程度。一位名叫阿尔弗雷德的著名演员也曾表示，他在公演前会感到极度紧张。

美国最著名的演讲家诺曼·托马斯在演讲前，因为紧张总是踱步。著名歌手舒曼·海克在一场音乐会上被问及唱歌前是否紧张，他这样回答：“如果哪天我唱歌前不再紧张了，那就说明我到了不得不退出歌坛的时候。”如此看来，紧张是一件很正常的事情，我们又何必因紧张而庸人自扰呢？但，如果还是无法缓解紧张情绪，不妨这样想想看：

1. 擅长演讲的选手同样会紧张。

2. 兴奋与紧张反而会提高注意力。

3．我已经为此次演讲做了充足的准备，适当的紧张情绪反而有助我更好地发挥。

有人或许会问，即使如此还是异常紧张，该如何应对？演讲前的一段时间，可以尝试聆听他人的演讲，有助缓解紧张情绪；同时，有规律地慢慢深呼吸，同样能缓解紧张情绪。

轮到自己演讲时，不要着急，按平时的步调走向讲台即可。站在讲台上，从容地将视线扫向听众，稍作沉默，使听众把注意力转移到自己身上。开始演讲时，不要把注意力过度集中在语气、语速、手势姿态等方面，而更应注重听众们的反应。另外，不要费尽心思、滔滔不绝地咬文嚼字，完成一个段落后，可以稍作停顿后继续，这样就能给自己争取一小段思考的时间，把上下内容有序地衔接起来。万一出现意外，想不起下一段的内容，可以强调似的反复之前的内容，为恢复记忆赢取时间。

歌手们唱歌时，手势动作都非常自然。他们一手握着麦克风，另一只手自然地配合着歌曲氛围，变化着各种姿势，看起来一点也不让人感到别扭。但我们这种业余爱好者唱歌时，往往不知如何处理自己的手。歌唱者姿势不协调，从听众的角度来看，往往也会感到一丝碍眼。

演讲也是同样的道理。虽然演讲内容条理清楚，演讲者说话沉稳，但如果肢体动作不协调，听众照样会产生排斥感。演讲者也常常为此大伤脑筋，因为自己既不能像军人站军姿一样僵硬，又不能散漫地来回走动，更不能站在讲台上尴尬地照本宣科。

其实，演讲前，的确有必要放松身体。正如比赛前，运动选手需要放松紧绷的肌肉，做准备运动一样，演讲者也需要放松身体，活动一下筋骨。放松的方法多种多样：指压法、均匀呼吸法、瑜伽训练法、念力法，还有话剧演员们使用的更为专业的方法。

一般情况下，演讲前难以消除紧张情绪的演讲者，肌肉会变得僵硬。声乐家、歌手、播音员等往往会在此时低声做发音练习来缓解嘴与舌头的紧张。“a、o、i、u、ae、e”反复朗读这些高低音，做深呼吸、颈部运动、下巴关节运动等。这些都是行之有效的减压法。

通过肌肉放松能有效减轻紧张情绪。柔软的体操及伸展运动都可以放松脖子、手、腰，不仅能缓解身体上的紧张，亦可缓解精神上的紧张。

站在讲台上演讲时，不要过度在意姿势即身体动作，自然地移动手或走动一两步即可。其实，自己感到最舒服的姿势才是最好的姿势。只有演讲者感到舒适，听众才会感到舒适。这种舒适的感觉能让他们更好地把注意力集中到演讲内容上。像激辩时的夸张姿势或目的性的动作，反而显得不自然，让观众产生逆反心理，带来逆反效果。

声音的高低也要把握分寸。不要因为佩戴麦克风，就把声音压得过低，这会显得信心不足；声音提得太高，又容易显得演讲者过于兴奋或紧张；只要把平时说话的声音稍微提高一点即可。当然，该强调的地方还是要通过发音力度适当提高，做好自我调节。

语速也需适中，不能过快或过慢。说得太快就像是在背书，不仅不能很好地传递信息，也难以使听众融入演讲内容，更会让人误解演讲者过度紧张；说得太慢，听众会产生厌烦情绪，甚至让人觉得准备不足。正确的速度是比平时稍微快一点，这种速度会让人产生紧张感。除此之外，使用普通话及正确的发音也是最基本的事项。

还要特别留意外文、外来语、俗语的使用。如果不是非常必要，尽量不要使用这些语言，即便使用，也一定要保证发音、用法的准确性。而且，对于一般人不熟悉的专业用语、英语缩略语，要附上说明。

如，使用“WHO”这个词时，要把完整的意思“世界卫生组织”解释出来比较好。如果只说“FIFA”这个缩略词，听众就会难以理解，“FIFA到底是什么呢”虽然听众可以从上下文中推测含义，但是，有“FIFA，国际足球联合会”这样说明的话，听众就容易理解得多。

满怀自信说服对方

演讲者需要对自己充满信心，只有信心满满地演讲，才能引发听众的共鸣。倘若连演讲者本人都萎靡不振、缺乏信念，又如何能让听众信任你、支持你，并与演讲内容产生共鸣呢？演讲者要确信自己的演讲内容有实质意义，能巧妙地传达给听众，并能给听众带来新的感悟。如果在过于紧张、焦躁不安的心理状态下，反复质疑自己的实力：“我能做好吗？”“出现失误该怎么办？”这样，成败就已经明了了一半。

因此，从开始准备演讲开始，就需要充分研究主题，整理相关资料，撰写文稿，并把文稿内容彻底吸收消化，完全转变为自己的东西。如果只是简单地把其他人的见解照搬过来，向听众转述一下，这种类型的演讲就完全没有说服力。只有在演讲中详细阐明自己独一无二的主张，才真正具有说服力。另外，演讲中需注意不要过分夸大，不能要求听众无条件赞同你的观点，是非判断只能由听众来做，否则只会适得其反。

演讲氛围的制造者是演讲者本人。无论演讲的氛围是紧张还是轻松，都是随着演讲的内容以及演讲者的技巧而不断改变的。因此，不要因为一时的气氛紧张就无所适从。优秀的演讲者要懂得不断调节现场气氛。

演讲前，若感到现场氛围有些尴尬，恰巧自己的演讲内容又未涉及到特别沉重的话题，可在演讲中穿插一些小幽默来缓和氛围。倘若演讲内容本身并不沉重，演讲者却表情严肃，无论是演讲者还是听众，都会感到不自在。

例如，在公司内对“男女平等”这个主题进行演讲时，可适当穿插一些搞笑情节，用幽默的语言叙述男女不平等的常见事例。听众在欢声笑语中，更容易赞同演讲者的观点，引起思想上的共鸣。反之，如果在演讲台上，像与对方激辩一般，恨不得挥起拳头呐喊，那么听众会对这种莫名其妙的演说感到荒唐，并认为演讲者是一个奇怪的人。

演讲中也经常会发生不知不觉兴奋起来的情况。适当的兴奋可以活跃氛围，但如果把握不了兴奋的程度，就会失去说服力。听众听完演讲后，也许会惊讶地说：“多大的事啊，不知这个人为何这么夸张，这么兴奋。”

另外，演讲中还可能朝着与主题内容不相关的方向延伸下去，发生偏离主题的情况；也有可能因突发状况，慌张得不知如何处理。偏离往往是因为随机添加的一个插曲或笑话造成的。而且，一旦偏离主旨，想要再次找回最初的演讲方向，就不那么简单了。

即使如此，也不必惊慌无措。此时，最需要稳定情绪。即使遗漏了部分演讲内容，也可以微笑，低头，快速翻找底稿，重新衔接。这样，听众也只会一笑而过。这也是优秀演讲者需要把握的要领之一。经验不足者，发现自己脱离了演讲主题时，往往毫无章法，不知所措。要记住，慌张是演讲的最大障碍。无论你遇到多大的难关，都要坚信自己，一路前行。

怎样说才能得到回应

大众演讲如风起水涌、惊涛拍岸的波浪，只有变化莫测的魅力，才能吸引观众，抓住观众的心。大众演讲并非教师上课，大量罗列示例的方式或过于理性的强辩，难以获得听众的回应。之前也曾提到过这一点，此处将更加详细地进行说明。

选择轻松的题材很重要，不仅内容要轻松，还要有波澜起伏的情节，演讲时的语调也要随情节起伏不断变化。

拿到主题，首先要进行分析。虽然各人的主题不尽相同，但越是需要阐明自己独到见解的主题，越是要引用启发性的或日常生活中常见的示例。另外，越是面对听众感到恐惧的人，越要及早做好思想准备。即使连平时在人前滔滔不绝的人，真的要求他站在讲台上，做一段演说，也会不知所措，所以保持平常心很重要。假如你面对的是100名听众，完全可以想象成在一对一的基础上，把说话内容重复了100遍，这样是不是会感到轻松很多?

如果把大众演讲从根深蒂固的传统观念中摆脱出来，其实和与隔壁邻居问候唠嗑一般，并无区别。若是如此，你还会为做这样的演讲而感到苦恼吗？只是，大众演讲听众众多，并需要演讲者使用麦克风，在规定时间内更为清晰地表达，仅此差异而已。当然，说起来容易做起来难，不妨把它考虑为公共大讨论，也许能适当减轻压力。

站在讲台上的你，是这场戏的主角，听众只是你的陪衬。因此，只要打起十二分的精神，沉着冷静、气宇轩昂、自信满满地面对观众，你完全不必在意自己在观众心中是一个怎样的形象，不必在意他们举手投足间的动作，你就是你，独一无二的你。有这样自信的你，才能避免失误的频繁发生。

不漠视听众，不夸张评判

不要因为听众或对方比我了解得多，比我说得好，就误认为他们会无视自己。即使听众的平均水准高于自己，这场演讲的主角依旧是自己，与他们毫不相关。

况且，即使世界上最优秀的演讲者，也不可能把演讲做得完美无缺，滴水不漏。无论是谁，和你对换一下立场，同样会感到紧张。因此，只要尽自己最大的努力，将准备好的内容传达给听众即可。如果演讲者处于过度紧张的状态，要么无法很好地传达演讲内容，要么会破坏现场气氛，搞得场面尴尬。演讲者与听众是平等的，无论是谁都没有紧张的理由。同样的人，一方站出来演讲，一方坐下来倾听，这有什么值得害怕的呢？

不拘泥他人的评价或视线，专注于选定的主题

并非演讲者选定了某个主题，就一定要对该主题了如指掌或对主题内容大为赞同。也许，这并非演讲者自己选定的主题。即使是自己选定的主题，也可能是参考了众多资料，把其中的观点简要概括了下来；也可能是仅把专家的主张或观点生搬硬套了来。

无论是哪种情况，都不要因此产生过大压力，也不能随意堆砌，否则演讲必定会以失败告终。准备底稿时，演讲者必须全身心地投入选定的主题与内容中，不要仅仅是生搬硬套别人的成果，尽量将自己的见解与他人的见解相互融合，彻底融入整个主题。

"我有演讲这种主题的资格吗？"

"我可以换个主题吗？"

不要持有这种想法。越是反复考虑切换主题，越会降低自信，容易造成紧张，对听众的恐惧心理也会越来越强烈。演讲者需要考虑的仅仅是该主题的价值，并全身心地投入进去。

不模仿他人

之前提过，没自信的人准备演讲时，应当选择榜样，并反复加以模仿。这当然没错，但这种模仿仅限于准备与练习阶段，之后必须转化为自己独有的风格。

如果演讲者完全按照优秀演讲者的思路、语气、姿势等进行演讲，那表现出来的就不是自己本人了。倘若模仿不好，反而会成为东施效颦的笑料。这与滑稽演员模仿名人或著名歌手的歌曲一样，观众只会把注意力集中在模仿的行为上，而非演讲的内容。这样的演讲还有何意义呢？

无论你具有多么高超的模仿能力，也绝对比不上自身的魅力。并且，模仿并不能让自己发挥出最好的实力、最强的水平。我们经常说舞动青春，张扬个性。只有有个性，才能展示出真实的自我，才能让你在演讲台上大放异彩。

即兴演讲

即兴演讲并不是指毫无准备、不假思索地随意发挥；而是在准备的基础之上，自然地、游刃有余地随性发挥。机械式朗读或背诵似的演讲，难以打动听众，甚至让人对演讲稿产生是否为他人代笔的怀疑。传达功绩的发言或搜索结果这类内容，只要准确公正地读出来就可以，这是朗读文章，而不是真正的演讲。

但在大众演讲中，朗读没有任何意义。只有充分准备底稿，充实文章内容，注入独特的见解，张扬地演说出来，才能真正打动人心，引起听众的共鸣。

不狡辩

“我本身不太会说话……”，“突然以演讲者的身份站出来，准备多有不足”，“实力不足的我……”，“我对这方面并不了解……”这种话语被称为狡辩型语言。

这种狡辩是毫无自信的态度，往往使人嗤之以鼻，产生“没有实力的人为什么要站出来”这种疑问。这不是谦逊，而是在分散听众的注意力，混淆他们的思维。

不过度压抑情感

之前提到过演讲时不要过度兴奋，但也不必过度压抑内心的真实情感。如果内心汹涌澎拜，坦率地释放出来，也是一种很好的选择。只有真性情的人，才能给人以感动，不是吗?

不害怕错误，自信表达

经验不足的演讲者产生依赖底稿心理的原因在于，总是担心演讲失误。失误是很正常的现象，即使把原稿背得再滚瓜烂熟，也不可能一字不错。这就是说话与写字的区别。

具实，只要不偏离主题与文章脉络，即使与原稿出现差异也没关系。更何况，实际演讲中，反而需要适当的即兴发挥。演讲者僵硬的语气往往比说错话更为糟糕，而即兴发挥能让演讲变得生动，更有效地活跃现场氛围。演讲中，如果感到自己的表述不准确，及时修改，重新说明也没有关系。因此，不要畏惧错误，水到自然渠成。关键要记住，演讲不是朗读，自然的状态最让人感到舒适。

不害怕留白，给自己充裕的时间

对话中，无论是谁都可能发生张口结舌的情况。你可能暂时无法回答对方的问题；也可能突然想不起自己该说的话，暂时停顿一下。对话中的瞬间空白、沉默，是很常见的事情，演讲中也是如此。

突然忘记自己想阐明的关键点或短暂偏离主题，意识到之后，会慌慌张张地停下。经验不足者碰到这种情况，往往异常慌张，翻来覆去地寻找底稿内容。但越慌乱，要寻找的内容越难发现，这就会造成恶性循环，导致演讲者更加紧张。

其实，这是由于错误地认为“不停顿的演讲才是优秀的演讲”这种固有的观念造成的。摆脱陈旧观念，追随心声，自由发挥最好。倘若只是按照准备好的原稿，一成不变地准确表述演讲内容，这种演说是失败的。原稿只是演讲的基础，只要构成演讲内容的主题、概要、结论清晰分明，演讲者完全可以根据听众的现场反应，即兴发挥。演讲内容中的细枝末节可以随意变动。

演讲过半，你甚至可能发现准备的诸多内容不能发表，或与自己主张的内容有所出入，不知不觉中省略了不少内容；又或者，因时间不够，放弃了许多内容，没有进行详细阐述；当然，时间充裕，需要临时补充说明的情况也有可能发生。

根据不同的情况，对一些内容果断进行朗读也没有关系。特别是复杂的引用句，没有必要强制背下来，直接读稿，反而更加准确。记住，不拘泥于格式的演讲才是优秀的演讲。

不自顾自演讲

几乎绝大多数演讲者都希望在规定时间内顺利完成演讲内容，却忘了很重要的一点——互动。假如忽略听众的存在，演讲就成了在空房间里独自唠叨一般，这有什么意义呢?

在演讲中，演讲者与听众要有所交流，这才能发挥效果。虽然不可能像日常对话一样你问我答，但听众存在的理由就是需要两者的相互作用。向听众提出一个简单的问题，等待答案，或是征询听众赞同的观点，都是非常好的行为。

当然，有时候即使向听众提问，观众不能马上给予答案的情况也很多。这时就需要提问者自己回答，也就是所谓的自问自答。或者答案是给出了，但答案可能是提问者希望的答案，也可能是毫不相干的答案，这时就需要演讲者一带而过，或说明不是的理由。这些都是演讲的技术。

另外，向听众征询同意或下定决心也是如此。

“难道不是这样吗，各位？”

“我是这样认为的，我相信大家肯定也是和我一样的想法，对吧？”

这样说的话，听众必然会有所反应。像这种演讲者与听众互动的演讲，才是好的演讲。

不要唠唠叨叨地补充空白

演讲途中，突然想不起自己想要表达的内容就会造成空白，直白地说，就是演讲者暂时停住了。这时，为了补充空白，而“嗯……”、

“啊……”、“这……”、“那……”、“还有……”这样的人很多。尽量不使用这些连接词比较好。一些演讲者为了不这样补充空白，而进行习惯性的训练，来改正这种坏习惯。

另外，还有一些不必要的反复的话语，如“所以”、“果然”、“现在” 这些词语。这些反复的词语会让听众感到不舒服。这也需要通过练习加以改正。

轻松面对缺点

虽然之前反复提过演讲中的通病——恐惧，但笔者还想再次整理一下。

面对舞台，人人都会紧张，甚至会感到不同程度的压力。有些人害怕的程度甚至达到了难以在社会生活中自处。他们要么是没有舞台经验的人，要么是即使有舞台经验，也有舞台恐惧症。

笔者也曾属于性格内向者，初次站在他人面前，害怕的感觉依旧记忆犹新。如今，不论面对多少观众，却能做到毫无负担，轻松面对。仔细回顾一下，经验的确是最好的老师。无论是谁，第一次面对时，总是慌乱不安，失误连连。但随着经验的累积，错误会逐渐减少，内心也会逐渐平和，从而做到不慌不忙、游刃有余。世上真是没有比经验更好的老师了。当你站在舞台的那一刻，无论多么害怕，都要勇敢地面向观众。因为你一定记得，失败是成功之母！当然，“不积跬步，无以至千里”。

贪念会给演讲造成麻烦。

“这次一定要他们看看我的实力。”这种强迫性的观念，会约束自我。

“这次一定要充分发挥我的实力，让自己大放异彩。”这种想法就是演讲中的贪念。

演讲前，若抱着这种贪念，反而会让自己更紧张，不利于演讲。因为欲速则不达。运动选手如果存有这种强迫性观点，就无法发挥出自己的实力。假如在棒球比赛中，站在击球区的选手带着“这次一定要打出本垒打，让大家看看我的实力”，“这次一定要打出安打，让教练对我刮目相看”这种强迫式的观念进行比赛，肌肉反会变得僵直，不利于顺利发球。

只会使用蛮力的选手，往往会把球打偏，而且即使打中了，球也很难飞远。因此，发球要轻。同样的道理，演讲者也需要学会放松。无论任何人做演讲，听众的评价必定是各不相同的，有些人会觉得非常好，有些人则觉得一般般，还有些人觉得不好。每个人都是按照自己的标准进行评价的，因此，没必要过于忧虑听众的评价。只要尽了自己最大的努力，听众的反应也不会坏到哪里去。

如果恐惧感过于强烈，可以想象成与自己最亲密的好友面对面交谈。演讲中，选定一个或两个人，把他们假想为自己的朋友，在演讲中经常看向他们，这也是一种很好的方法。我们一般认为，行为往往随着情感发生改变。但相反的情况也时有发生，即，根据行为改变情感，这在心理学上称为“可逆性”。积极的行为产生积极的情感，消极的行为产生消极的情感。感到害怕时，向听众吐露心声也未必不是一个很好的手段。

“我现在站在各位面前，感到非常紧张。”

这种直白的表达，反而能消除内心的恐惧，让人轻松面对。这与罪犯东躲西藏，艰难逃跑，到最后被抓，反而一身轻松是同样的道理。这就是放下束缚自我的绳索而获得的自由。

另外，演讲时，适当地“自暴其短”，也是消除害怕的一种有效方法。进行自我暴露的演讲时，要怀有信心，适当透露一些隐秘的信息给听众。

“事实上，我也很喜欢喝酒，由此引发的失误也很多。”

“因为喝酒，失误也不是一次两次的事情。”

像这种“自暴其短”能拉近演讲者与听众的距离。常与“自曝其短”一起使用的还有“自我陈述”，这样传达的是自己了解的诸多事实。

“我做证券投资，在公司是人尽皆知的事情。因此，在工作过程中，访问证券公司网站，被部长抓住，受到责备也不是一次两次的事情。”

这样的自我陈述，能拉近与听众的距离，减轻对听众的恐惧心理。

提升自信，成熟自我

人人都想获得成功。但生活中，往往失败的人比成功的人更多，为什么会这样呢？这其中虽然有各种各样的理由，但因错误观念造成的失败也不在少数。简而言之，成功的人持有积极的自我观念，失败的人持有消极的自我观念。

消极的自我观念会伤害自尊。自尊受伤会麻痹人类无限的潜在力，阻碍个人成功。自卑感强烈的人，容易陷入顾影自怜中，不能客观地看待世界，从而阻碍人际关系的发展。

整形外科医生及心理学家麦斯威尔·玛尔兹博士曾宣称，因外貌产生自卑心理的人通过整形手术改变外貌，可以转换性格，重塑人生。但随着岁月的流逝，他又得知了一个新的出人意料的事实。即使接受整形手术后，有些人的自卑心理依旧一成不变，虽然他们已改头换面，拥有了匀称漂亮的脸庞，但依旧无法摆脱曾经丑陋的事实，饱受精神上的折磨。

玛尔兹博士感到特别意外。他们的面貌分明已经焕然一新，为何总是认为自己很丑陋呢？经过研究，他认为这是由“内心伤口”造成的。也就是说，无论外表变得多么美丽，若不懂得忘记过去受到的情感伤害，性格本身将难以改变。

积极的思考方式可以改变自卑心理，但事实并非如此。有自卑心理的人即使进行积极的思考，也不能维持很久，因为潜意识中的“内心伤口”依然存在。

“没有人爱我。”

“我能力不足。”

“我能做什么呢？”

这种思想会让他们错误地认为自己没有存在的价值。倘若不能治愈内心伤口，就不能轻易改变自卑心理。那么，如何治愈内心的伤口呢？

非洲尼日利亚俗语中有这样一句话：“洗澡的时候不要费心遮挡肚脐。”这句话告诉我们，要勇于展现自己的伤口，打开心扉。打开心扉是自我疗伤的必要手段。当然，心扉也不是能够向任何人打开的，选择自己信赖的人，毫无保留地吐露出来吧。

比如，可以把因长相丑陋而经历过的各种伤心、郁闷，被拒绝的各种面试等毫无保留地表达出来；也可以把因自卑心作祟而没有勇敢、果断地站出来，错失良机的惋惜、愤怒表达出来。

这样，内心积压的怨恨、愤怒就像找到了泄洪口，全部都能发泄出来。此时，若内心感到畅快淋漓，也许会充满悔恨地嚎啕大哭。

想哭就大声哭出来，这种眼泪能够不留痕迹地洗涤内心的伤口。当然，这并不是一蹴而就的，需经过多次释放，才能大幅削减内心的郁结。

在内心逐渐感到畅快之时，不妨在疙瘩和悔恨消失的地方添加几分自信。

“我是世上必不可少的人才。”

“我是值得珍惜的人。”

“我什么都能做到。”

像背菜单一样勤加背诵，在自己的潜意识中装满积极的思想之前，反复宣言，效果极佳。下面介绍十种克服自卑感的方法，仅供参考。

1．记住你是个有存在意义的个体。

2．持有坚定的信仰，在信仰面前，对自己坦率。

3．不要为自己做错的决定辩解，勇敢地承认。

4．选择你喜欢的、能做好的事，努力学习。

5．不要因为事情不如意，就陷入悲伤情绪中。

6．管理好自己的情感。

7．不放弃，持之以恒地努力。

8．无论什么事情，都要做好万全的准备。

9．肉体和灵魂都要保持健康。

10．学会利用失误。

自卑来源于自己

笔者对自卑也多次提及，提及的目的并非要求读者完成一次成功的演讲或掌握优秀的话语艺术，而是由于自卑心理影响了我们绝大部分的生活，遍及成长的各个阶段。更何况，我们生活的时代，竞争如此激烈，危机此起彼伏，强烈的自卑心理能让萎靡不振的人生瞬间轰然倒塌。

竞争社会是只有赢者才能生存的社会。当斗志昂扬的年轻人在社会竞争中不断饱尝失败的痛苦时，即使自尊心很强的人，也会在不知不觉间，产生自卑心理，对自己妄自菲薄。自卑会侵蚀一个人的灵魂，使其逐渐丢失梦想，对自己的未来感到茫然，从而不断产生自暴自弃的心理。

当代社会，多次陷入经济危机，虽然政府的干预、市场的自我调节，能让萎靡的经济悄然复苏，但随着时间的流逝，社会两极分化现象越来越严重。有些人坐拥金山美眷，有些人却连一个小小的机会也被剥夺了。在这种对比心理下，自卑感会不断膨胀，对社会的愤怒心理不断累积，性格就会变得暴躁无常，有些人无法合理地掌控自己的行为。因此，自卑感是毒药，只有勇于克服，才能恢复并维持自己的整体性与价值。以下是排除自卑、恢复自信的几种方法，你不妨尝试一下。

关注成功故事及希望性话语

只要坚持不懈地努力，完全可以克服自卑心理。不要因自卑感陷入忧郁、愤愤不平的情绪中而失去人生斗志。越是深陷自卑的人，越要有意识地看电视节目或书中的成功人物故事，读一些饱含希望、激发斗志的话语。

通过网络、书籍，了解一些成功人士的故事。任何人的人生都不是一帆风顺的，越是伟大的成功者，他们的成功之路往往越艰难。细细品读他们是如何克服各种逆境，如何向着梦想一路前行，如何在失败中获取教训，不断重新站起来的。换位思考，你是否能像他们一样，不断鞭策自己？在他们的影响下，逐渐消除自卑感，找回自信，以积极的态度改变思变，开始行动。

之前上过“治愈活动”电视节目的安哲秀教授曾说过：“我可能错了。”人无完人，任何人都可能失误，可能出错，可能一蹶不振，甚至倒下。生活应该是阳光的、积极的、满怀热情的，对于还没有进行过任何尝试，就在内心告诉自己“我不行”、“我现在完了”等绝望性的话语的行为，并不可取。

安哲秀教授认为，“没有自信的人绝对不会承认自己的错误”，因为他们害怕展现出自卑心理。犯错时承认错误，失败时承认失败，需要道歉时请求原谅，这才是真正的自信。“我输了”，只有像这样勇敢地承认失败的人，才能马上寻找应对措施，在下一次的竞技中反败为胜。

不隐藏，不避讳

不隐藏产生自卑感的原因，堂堂正正、理直气壮地说出来，反而对克服自卑大有裨益。假如一个人自卑的原因是个子矮小，但是，个子矮小的事实不会因自卑而改变，如果只是一味消极地自我摒弃，自卑心理会越来越严重，越来越根深蒂固。

倘若你有面对它的勇气，在人前开玩笑似的对自己的缺点直言不讳，效果反而会更好。

“呀，你们是因为我个子小无视我吗？没听过‘小个辣椒味更辣’这种说法吗？”

“尽管我个子小，但有什么是我不能做到的呢？”

这样堂堂正正地说出来，反而会让周围的朋友、亲人对你刮目相看，不敢再小瞧你。

对于肥胖症患者，也是同样的道理。

“我比你们胖，吃的自然要比你们多。所以，嘻嘻，这些都归我了。”

“这个项目由我们组负责，心宽体胖的我就来负责给你们抓重心，你们只要跟着我做就行了。”

看，这种积极的行为，反而能将缺点转换为优势。只要运用得好，成为主导性的人物，又有何难？缺点和优点，都是相对的，如果连自己都没有面对的勇气，如何能让人不对你指手画脚呢？当你真正敢于面对的时候，也就是真正解脱的时候，周围的人也才能轻松地提及或一笑而过。

“呀，小孩。”

“呀，胖子。”

当你完全放下戒备，轻松地面对这些亦真亦假的玩笑时，你的人际关系便会越来越好。

人无完人

人无完人，每个人都是集缺点与优点的综合体。积极的人懂得发挥优点，但消极的人只会不断放大缺点。正因为如此，执迷于自身缺陷的人，才会深陷其中，无法自拔。

这好比在学生时代，一个人想要学好所有科目是相当困难的。有的学生国文相当优秀，数学很差；有的学生英语很好，国文不行。成功的方法是向自己能做好的、自己喜欢的领域迈开脚步。国文常常第一名，却因数学不好而怨天尤人，“为什么我的数学这么差？”这样就会逐渐产生自卑心理。只有以积极的心态，尽自己所长，缺点才会被无限缩小，与此一起消失的还有那烦人的自卑感。

15%的秘诀

听说对任何事情都能够大声笑、大声表达，会让人增加15%的自信感。越是行事小心、害羞、压抑、自卑的人，越是不敢大声说话。

心理学家主张，仅通过大声说话、大声笑，就能让人摆脱心理上的压迫。以跆拳道为首的武术运动，在进行搏击时，选手总是大喊“呀！”这样，是为了增加15%的士气。事实上，光明磊落、理直气壮的人总是那些大声说话、大声笑的人！成功的往往就是这样的人。

如果你有自卑感，那就尝试下大声说话、大声笑吧！你可以下意识地勤加练习，逐渐形成习惯后，就能自然而然地大声说话、大声笑了。与此同时，自卑感也会逐渐消散，增强信心。下面介绍几句能够减少自卑、提升自信、走向成功的话。

1. 我从今天起开始新的生活。
2. 我要满怀爱人之心生活。
3. 我要把今天当成人生的最后一天生活。
4. 从现在开始，我要自己支配情感。
5. 我要把自己的价值增加100倍。
6. 我要马上行动。
7. 我要坚持忍耐到成功为止。

第 4 章

给人以梦想和感动的对话

以夸张应对夸张，才华横溢的话也要择机而言，这才是智慧之道。

——巴尔塔沙·葛拉西安

给对方好感的对话法则

赞成式对话

最近，国内外对“一起用餐”好评不断。一起用餐能消除隔阂，找回归属感。日常生活中，职业人士多与同事或上司一起用餐。一起用餐时无拘无束的氛围，能让人开心坦怀，相谈甚欢。

“点心”的含义是在心上点点儿。“点心时间”被称为休息时间，此时你可以敞开心扉，放下成见，与人推心置腹地交谈。正式会议有既定的程序，让人紧张且容易引发争吵，产生赞成和反对两种截然相反的态度。一人提出意见，必然会有其他人反对；而其他人提出意见时，自己也会因各种原因反对。因此，才会引发会议上的激烈争论。

而且，大部分情况下，由于有人提出不完整的信息或出人意料的主意，在不同的解释与价值观下，以自我为中心的思想往往会产生指责对方的行为，并对对方产生防御心理。

但是，吃饭时间，特别是点心时间的对话，不但没有格式和程序，也不会让人感到紧张，自然能使人在这种没有拘束的环境中敞开心扉。比起抛出一个观点，不如对他人观点的妥当性进行正误判断；比起争辩，不如说：

“嗯，你的意见也有道理，我会好好想一下。”

“嗯，这主意好像可行，可以试试。”

这样，虚心听取他人的意见。不仅是吃饭，日常对话也可以以这种赞成式的姿态，接受对方的提议，达到给予对方好感的目的。赞成式的对话方式不会令双方产生冲突和矛盾，也不会引起纷争。但众所周知，这样的对话没有公正性可言。

古时候黄喜丞相的故事广为流传。黄喜丞相面前站着两个人，都主张自己的观点是正确的。“对，你的观点是正确的，你的观点也是正确的。”黄丞相同时接受了双方的观点。但他旁边的人问道：“大人，如果两人都正确的话，如何判别是非呢？”丞相答：“是啊，你的话也是正确的。”这就是赞成式对话。但现实生活中，对话需要需要公正性。

节制情感的对话

对话需要情感表达。丰富的情感能很好地营造对话氛围，但如果表现出的情感过激或偏于愤怒，就很容易破坏对话氛围。双方不能有效地控制自己的情感，是引发对话纷争的一个常见原因。

对话中，因一两句听着别扭的话，就突然大动肝火或对别人狂轰乱炸，那么对话就无法圆满结束。特别是当对方没有听从自己的要求或意见时，生气的人不在少数。而这种行为，不但惹得自己不高兴，还会让对方也感到忍无可忍，甚至勃然大怒，最终引发争吵，不欢而散。

因此，无论听到多么不合时宜，多么逆耳，甚至有伤自尊的话，也要懂得控制自己的情感，能忍则忍。中国汉朝时的韩信为了报仇，能忍常人所不能忍——受胯下之辱，最终成就了伟业。只有那些能够很好地控制涌上心头的情感，理智冷静地进行对话的人，才是真正的对话高手。无论对方的主张或见解多么牵强附会，多么不合情理，多么独断专行，一忍，二转变话题，都是很好的选择。

比如，在酒席上碰到这种情况：

“来，我们干一杯吧！”

“我们再点些下酒菜吧。点什么好呢？”

以这种方式转变话题，等对方恢复理智，冷静下来后，再回到原来的话题。一些对话中甚至会牵扯到双方的利害关系，这样的对话一定要在结束前进行和解。因为这种对话如同签订合同一般，对话圆满结束，合同也就到手了。为了抑制可能产生的激愤情感，人们一般会选择去酒家，或去包房沙龙。如果在这种对话中无法抑制情感，猛然爆发不满、鄙夷等情绪，不要说合同了，甚至可能完全破坏双方的合作关系。

整体性对话

一对夫妇去买燃气锅炉，看了一段时间后，夫人向店员询问一些相关问题。店员自卖自夸地说道：

“这种燃气锅炉是性能相当好的新产品。”

“它有什么特别之处吗？”

“做料理时非常便利，房间也暖洋洋的，老公一定会非常喜欢。”

“我老公？现在看到他的脸就嫌烦了呢。”

这时，店员在夫人耳边低语：

“据说按下此按钮，燃气还会一点点儿泄露。”

当然，这只是一个笑话。进行一段对话，一般情况下，双方都会经过一番深思熟虑，把核心观点清晰明了地表达出来；但偶尔也会偏离话题核心，导致对方无法理解而感到混乱。这时，话题的整体性就容易发生偏移。应对整体性偏移的方法，是摆脱“不是这个就是那个”这种极端性的是非观。

解决世事并非只有“不是这个就是那个”，“要么全部失去要么全部得到”这两种极端的办法。“穷则变，变则通，通则久。”变通不仅能长久，也能维持整体性。如果期待自己的主张能够被对方完全接受，到头来可能适得其反。

提出第三、第四种方案或表明自己能够妥协、让步的范围，尽可能地把对方拉到有利于自己的提议中，这样才能真正地维持整体性。在对话中，无论何时都要有妥协和让步的变通性。政治也是如此，双方如果都过于强调自己的观点，就会陷入极端的对立中，最终无法达成协议。

像外交官一样对话

人际关系出现困难的理由在于，思想过度集中在“不好的关系”上。转变思想，分析人际关系良好的人是如何维持人际关系的，就能够改善糟糕的人际关系。

一段良好的人际关系，通常稳定在经常见面或长期相处的双方，带着以后的人生一起走下去的信念，真心对待彼此，不揭短，不争吵。人际关系糟糕的人可以尝试一下真心对待他人，也可以查看一下外交官的处世作风。国与国之间的良好关系，靠的就是外交官的作用。

首先，外交官会为对方的秘密绝对保密。国与国之间就某件事项进行协商的过程中，必然会产生绝对不能向外部公开的内部协议、秘密协议等。通过绝对地遵守秘密，形成一个优质的会谈。即使在会谈中没有形成什么成果，也绝不对外公开。只会宣称：“此次会面很愉快”，“此次会面意义非凡”，“正在对问题进行深度讨论”。这种外交式的表达手段与对话方式，可以运用到我们的日常生活中来。

另外，之前也提过，要谨慎地指出对方的缺点，当使用“最后”、“最终”这种断定性的表达时，再想重新恢复关系就需要极大的努力。同时，如果让对方陷入动弹不得的困境时，对话就会不欢而散。因此，即使对方产生失误或态度不当，也要给人留有余地。

俗话说得好，“穷鼠啮猫”，“狗急跳墙”，困境中的人往往也会采取极端的行为，从而导致悲剧的发生。

另外，要常常留心用语的选择。如果关注国际外交界的用语，就会发现外交界的用语中绝对不会使用极端性、断定性的语言。在对待与本国发生利害关系的问题点上，即使对方国家发布了一些损害本国利益的政策，反击时也要再三思量。比如，忧虑→遗憾→叹息→抗议，这样逐渐加深强度。

日常对话同样如此。令人惋惜的是，大多数人无法从容应对对话中的矛盾，一旦相互间的主张不同，便突然粗声大气。即使真的对对方感到不满，也不能极端地表达，而要循序渐进，让对方有思考的时间，接受的余地。若使用极端的语言，即使对方意识到自己存在错误，也会因为自尊心，抵死不认，甚至以强烈的态度反击，与你对抗到底。

挑选合适的语言，是对话中不可缺少的要领与智慧。

越是亲近，越要注意的六种话

人生活在社会大家庭中，个体无法独自生活一辈子。人的一生会与无数人擦肩而过，相遇，分离。其中，与我们最为亲密的是家人以及流有同一血脉的亲戚。正因为如此，这个小家使我们成为了不可分割的一个整体。

其次，是地缘（由地理位置产生的缘分）。同村里一起长大的邻居，特别是同龄的伙伴，往往会成为彼此一生的挚友。地缘的区域再加以扩展，就能延伸到在同一故乡遇见的其他人，如果在交流中互有好感，也很容易成为亲密的朋友。

另外，还有学缘（学校缘分），即从小学开始到大学结束，在学校里亲密接触的朋友们。与这些朋友的交往也许会比与亲戚的交往更为频繁。

虽然血缘关系永远无法改变，但地缘与学缘却随着环境与条件的变化而不断改变，分离并遗忘。即使如此，我国国民还是对地缘及学缘非常在意，“缘故主义”也随之成为社会问题。除此之外，还有通过职场、同好会、宗教信仰等媒介，相处得非常密切的人，男人们还有在军队生活中结交下的朋友。

然而，我们并非与所有人都亲密接触。根据社会学者的言论，即使是人际关系处理得非常好的人，在毫无利害关系下，亲密接触的也就150到200人。大家可以看一下自己手机中储存的亲朋数字，多则百余人，少则数十人。

越是相互间没有利害关系的亲密朋友，见面时越是感到快乐，而且朋友间的对话往往随心所欲，轻松自在，即使是互相说一些脏话，甚至互相嘲笑，也不会让人感到不舒服。但即使关系密切，也有需要格外注意的七种话语：

批判式话语

“如果你不想被人批判就不要去批判他人。你批判他人，他人同样也会批判你。”

这是《圣经语录》中的一段话。越是亲近的人，说话往往越是口无遮拦，对一些批判性的话语也不懂得加以区分。你可能只是在开玩笑说：

“你这家伙，真是没有时间观念，每次约你都迟到，一次都没有准时过。”

“你这家伙真是不讲信用，特别是约会之类的。”

这种话往往不假思索就脱口而出。

原本双方就关系密切，这样说倒也不足为奇。但如果当事人不在场，却对其他人这样说的话，当然会引起当事人的不满，造成双方关系疏远。越是思想消极的人，越擅长批评他人。特别是批评每天与自己一起工作的同事或与业务相关的人。

“他做事不利索，缺乏注意力。”

“哎呀！他过于挑剔，性格又孤僻，真不想靠近他。”

“这家伙总喜欢吹捧自己。”

“那家伙总喜欢自我炫耀。”

古代有位哲学家这样说道：“人类不是因为事件本身痛苦，而是因为看待事件的观点不同而遭受苦痛。”经常说消极话语的人，看待事物的观点也会日趋消极，最终导致自己受到他人的批判。

比较性的评价语

母亲们经常使用“母亲朋友的儿子”这个词，总是说“妈妈朋友的儿子……”，拿自己的儿子与他人的儿子进行比较。这句话也是孩子们最讨厌听到的话之一。“人家总是考满分，你为什么最多考个70分哪？”总是这样比较孩子，不但会使他们产生讨厌这个朋友的情绪，甚至会让他们产生敌对心、反驳心。

男人们同样讨厌妻子拿自己与其他男人进行比较。如：“谁家孩子他爸……”“隔壁家老公……”用他们的话来讲，还不如听妻子说：

“多挣点钱回来啊！”

“你多关心一下孩子们啊！”

这种埋怨反而让自己更好受些。

妻子通过拿自己丈夫与其他男人的对比，不断称赞他人，贬低自己的丈夫。这样做，伤害了男人的自尊心，常常让他们大为恼火。

职场上也是如此。如果上司拿下属在同事间进行比较，被贬低的人就会怒火中烧；同时，会对与自己比较的同事产生敌对心理。因此，拿他人进行比较、评价时，一定要格外谨慎。特别是对女生进行比较评价时，很容易让她们受到伤害，需特别注意！

伤人的话

我们经常在无意间说出很多伤人的话。特别是发火或心情不佳时，更容易让爱我们的人遍体鳞伤。

“我绝对不会放过那个家伙。”

“那家伙无论在什么地方都是无用之人。”

“他完全没有成功的可能性。”

“他不可能再重新站起来了。”

这些话可以很轻易地说出来，却不能很轻易地收回去。

发火时，一时的脏话或怒言很容易让自己心情平复，却会给挨骂者留下很大的伤害。况且，人类是互相依赖生活的。也许某天，你陷入困境时，正好需要那个被你伤害过的人的帮助。所以，政治人士或企业家一般不会说这种害人害己的话。

即使朋友间，我们也常说出一些带有杀伤力的话语。

“我和你完了。”

“真后悔认识你。”

“我们以后别再见面了。”

发生误会，吵得很凶时，一气之下，往往会说出这些让人后悔莫及的话。如果只是孩子们平时的小打小闹，没过多久，他们就会忘得一干二净，和好如初。但如果是成人，基本上就是真的断绝关系，老死不相往来了。

因为这些话，往往让人失去朋友，失去爱人，变得孤独无依，在自己碰到困难时连积极站出来帮忙的人都没有。而且，这样的人，一般与兄弟姐妹、亲戚们的关系也不是很好。而让自己如此落魄的罪魁祸首，竟然是他们自己。

自吹自擂

无论是谁，都希望获得他人的认可，得到他人的称赞，这是人类共同的心理。但是，如果自吹自擂过了头，即使再努力，也无法得到他人的认同。因为他的话语真实性不足，无法得到对方信赖，即使真的像他吹嘘的那般好，也没人肯轻易相信了。

总是吹嘘孩子、妻子的人，被称为“二百五、窝囊废”，是没出息的人之一。现在，也把这种人称为“女儿傻子”、“儿子傻子”、“妻子傻子”，属于傻子中的一类。作为父母，谁不认为自己的孩子可爱呢？关系很好的夫妻，谁不认为自己的妻子娇小迷人？即使如此，依旧一有机会，就吹嘘子女、妻子，这样的人就会被称为“傻子”。

自吹自擂比这个更为严重。我们当然要自爱，但过分的话，就会转变为自吹自擂。再说，在他人看来，把没什么了不起的事情夸大，称赞自己，明明是几个人一起努力获得的成就，说得好像全是自己的功劳，这样的人就会被他人厌烦、埋怨。

像这种自吹自擂的人，如果想站出来促进一件事情，其他人是不会给予协助的。因为很明显，即使自己拼尽全力、累死累活，也不会听到什么好话，好像所有的事情都是提出者一人的功劳。另外，有些人会故意让提出者吃一下苦头。当他自吹自擂时，会有人说：“好哇，那你一个人都做完吧！”这样说完后，再不给予协助。

说实话，自吹自擂的人不仅什么也得不到，反而有可能成为别人的笑料，被怀疑是否真的具有实力。改变的方法是谦虚，根本无需自吹自擂，只要你有优点，就能得到他人的认可。

诽谤

一位信仰很深的修道士经常进出一位年轻寡妇的家。看到这种情况的村民常常称呼他“淫荡的修道士”，四处诽谤并为难他。不久后，年轻的寡妇因癌症去世。直到这时，人们才知道修道士是为了安慰患上癌症末期的寡妇，才频繁出入寡妇家。

后来，经常诽谤修道士的两个女人找到修道士，请求他原谅。但是修道士给了她们一人一包鸡毛，要求她们到田野，使鸡毛随风而散。女人们照着他的吩咐做了，回来之后，修道士又让她们把分散的鸡毛一根不落全部找回来。女人们很是惊讶，对于随风飘走的鸡毛该如何找回来感到非常为难。

这时，修道士对两个女人说道：

“原谅一个人并不难，难的是把从嘴里说的话再次收回来。”

的确如此。覆水难收，嘴里说出的诽谤，同样收不回来。话无腿而行千里，只会越走越远。诽谤会一下子给三个人带来伤害，挨骂的人，听的人，以及说的人自己。从结果来看，这三人中，受害最大的是骂人者自己。这叫作咎由自取。诽谤者与被诽谤者很有可能成为仇家。

有些人喜欢通过诽谤、取笑他人来获得自我满足。因为诽谤有时候能够代替自尊心，成为自我满足的一个手段。但是，这反而会成为伤害自尊心的行为。因为喜欢诽谤他人的人，最终也会因此受到他人的诽谤。比如，有人说：

“哎呀，这个女人从来不会称赞他人，只要一开口就是满嘴的诽谤。在她面前可得小心了。”

听到某人这样说，就会与之保持距离。而这样做的结果，就是使自己同样受到诽谤。一个人以消极的视角来看别人，就只能看到别人的缺点，不懂得积极的自我反思，只集中于对对方消极地诽谤。

另外，当对方对某人进行诽谤时，不要只听取其单方面的观点，可以听取对方意见，但不要与其语调一致或随意发表意见，尽可能以客观的态度对待，并回避忠告。殷切关怀，给予忠告的话，忠告的人也很容易成为诽谤的对象。另外，不要为了调节双方矛盾而自告奋勇地出面。稍有差池，很容易引发两人的战火。

有这样一则故事。

一位的车师傅在飞机场接了两位外国黑皮肤的客人。在去酒店的途中，司机接了一个朋友的电话。朋友问："你在干什么呢？"司机这样答道："我正运两筐煤碳呢。"

到达酒店门口，费用总共为2万(韩元)。但客人只拿了1千元出来。司机指着仪表说是2万元。但客人却用韩语这样说道：

"现在装一筐煤不是500元吗？两筐煤正好1千元，不是吗？"

总之，无论是诽谤还是坏话，不说比说好。否则，稍有不慎，就会使自己狼狈不堪。以下插曲会是一个很好的参考。

村庄里，一个小伙非常生气地奔向田里正在浇水的父亲，说道：

"爸爸，我们村里有一个非常坏的家伙，你知道是谁吗？"

这时，父亲拦住儿子的话，这样问道：

“等一下，你现在要说的话是经过三重障碍才说出的话吗？”

“什么叫经过三重障碍？”

“第一，你说的话有事实的证据吗？

“第二，是善良的吗？如果没有百分百真实的可能性，至少需要是善良的话语。”

“不是啊，是相反的。”

“第三，这是你必须说的话吗？”

“虽然不是必须要说的……”

“那我就没有听的必要了。”

没有必要的话

有这样一则笑话。

去海外旅行的沙悟净来到一家咖啡店。店员走上前来，用英语问：“Coffee or tea（咖啡还是茶）”大致能听懂英语的他这样回答：

“啊，请给我or。”

人们废话很多，却很难只说应该说的话，因此才会招致非议。另外，没有完全听明白对方的意思却胡乱回答，这叫问东答西。

说不必要的话有多种理由。一般，话比较多的人，说的废话也多。平时话很少，但担心对话中会突然无话可聊，为回避尴尬的气氛，而故意说一些没有必要的话的情况也有。回避这种尴尬的方式是丰富话题与知识；同时，说一些能与对方沟通的话题。

另外，原本话就多、喜欢喧哗的人，虽然能够主导话题，但同样也说了相当多的废话，很容易招致非议。自己要能够对自己说的话负责。所以，正如之前的插曲一样，不确定的话、不善良的话、不积极的话，既没有说的必要，也没有听的必要。

如果没有准确听明白对方的话，或没有把握要点，重新问一遍比较好。只有听明白了问题，才能准确回答。性格急躁的人，在别人话还没说完前，只听到一两个词，就急不可待地打断他人的话，是错误的行为，一定要先听完对方的话。

我国语言中，有的会在结尾加上否定，甚至双重否定。比如："大家都持赞成意见，我从原则上来讲也是赞成的，但……"像这样，在后面加反对意见的人也有。"不得不想了下……"也会有人这样说。乍一听，并不容易分辨是肯定的还是否定的。很多话要全部听完，才能猜出整体的意思。

漂亮的话，给人以抚慰的话

话语是从口中说出的，各不相同，既有有涵养的话语，也有粗俗或辱骂这种低俗的话语；有发火后随意乱蹦的恶语相向，也有安慰他人的激励性话语，及引导人走向正途的忠言。重要的是，无论是什么样的话，一旦脱口，就再也收不回来。

某教会的牧师谈及愤怒，传教结束后，一位夫人前来诉苦。

“牧师，我由于性格急躁，无法忍受时立刻爆发出来的情况很多。好在不会拖泥带水，发完火之后也就这样结束了，心里也藏不住什么事情。这样没关系吧？”

牧师这样回答：

“枪同样如此，射完一次就停止了。但是即使只射一发，代价也是非常巨大的，不是人死，就是挨枪子的地方粉碎。”

也就是说，短暂的发泄愤怒同样具有强大的杀伤力。自己可能发完火就完事了，但你发泄愤怒的对象可能长久无法释怀。

笔者听过一朋友中学时代经历过的事情。上课前，一科目老师走进教室后，怒视着他：“因为你，我都讨厌进这个教室上课了。你为什么总是对我怒目斜视？”

这位朋友原本视力不好，加上家境贫寒，没有钱购买眼镜，所以不要说是黑板上的字，就连看笔记本也很费劲。因此，看黑板或是集中注意力时，不得不皱起眉头斜视。他因为老师的话大受打击，对自己的视力差及贫寒的家境更感难堪。即使后来年龄增长，他也总是忘不了那位老师曾经说过的话。

自己可能发一次火或迁怒于他人便能够缓解压力，但当事人却会受到巨大的伤害。因此，忍一时风平浪静，千万不要为逞口舌之快，给他人造成难以抚平的伤害。相反，要说一些鼓励性的、能给人勇气的话，或称赞对方。这些话会在听者心中历久弥香，这就是所谓的闪耀的话语。

激励性话语

有一位在苏格兰出生的少年，性格非常内向，学业成绩也很糟糕。在学校，他被编入劣等班，接受着补习教育。

一天，少年偶然去了著名诗人们的作品展览会。当时苏格兰著名的诗人罗伯特·本也参加了此次展览会。他正给参观者们说明展示的作品，并指向一首著名的诗。

“这首诗非常优秀。谁知道这首诗的作者？”

没有谁能答出来。此时，少年却说出了诗人的名字，并将诗背诵了出来。罗伯特·本非常惊讶，激动地抚摩着少年的头，说道：

“你必会成为伟大的诗人哪！”

少年因这么一句赞扬的话受到了巨大的鼓舞，开始埋头于文学研究，并最终成为一名伟大的作家。这位少年就是著名的诗人及小说家沃尔特·斯科特。

在无数话语中，最为闪耀的话语就是激励和称赞的话语。美国著名作家马克·吐温也曾这样说道：“听到鼓舞人心的赞美，即使光靠这一点，也能支撑人活两个月。”激励产生奇迹。鼓励称赞，并不是只有听的人感到高兴，就连称赞的人也会感到快乐。

但对他人的鼓励和称赞，要真心实意，妥当合理。无条件地莫名称赞只不过是阿谀奉承。另外，如果对于他人的错误不加以指出，一味称赞的话，就会让听的人陷入完美无缺的错觉中。这就是引起孩子们“公主病”、“王子病”，没有礼貌，目中无人，只顾自己的原因，更不要说让他们去关怀他人了。

鼓励和称赞要有明确的根据，要依据客观事实，对做对的事情说明做对的原因，并只对这一点加以称赞。鼓励也是如此，只有在对方尽了最大努力时，才应加以鼓励。

“称赞有让鲸鱼都为之舞蹈的魅力。”听到赞扬的人会做得更好，称赞的人会得到对方的感激。任何人都喜欢听到鼓励、赞扬的话，如下几句：

★这就对了！

★继续努力，一切都在好转。

★我相信你。

★每天都有变化啊！

★没见过比你做得更好的人。

★能和你一起让我感到很高兴。

★你是我的开心果呀！

★你这么轻易地完成了呀！

★你真是多才多艺。

★你太让我惊讶了。

★真了不起。

★你做得对。

★我就知道你能做好。

★谢谢你帮助我。

★我为你感到骄傲。

★你又做出来了呢！

★怎么会想出这么好的办法呢?

★你真的做了好多事呀！

★要不是有你的话，肯定完成不了。

★真是费心了。

★做得真好。

无法停止的忠告会转变为谴责

教会圣餐式上，倒葡萄酒的少年不小心摔倒，把酒都洒了出来。看到此场景的神父发火道：

“像你这样的孩子就不该来教会。”

这少年后来成了南斯拉夫的共产主义领导人，他就是铁托总统。他在其他教会也发生过类似的事情。当他打翻葡萄酒，惊慌失措的时候，另一位神父却抚摩着他的头，说道：

“你以后会成为优秀的神父啊！”

这样的话鼓舞了他。结果，少年长大后成为了著名的“大主教”。像这样无心的一句话，可能会扭转别人的命运，也可能给对方造成巨大的伤害。另外，我们可能从别人那儿听到忠告，也可能对别人进行忠告。

忠告的目的是好的，是为了指出对方的不足或错误，使其加以改正。所以我们希望别人能在我们迷茫时给予忠告。但是，给他人忠告并不是一件不容易的事。对方要有能接受忠告的心才好。而且，给予忠告的人也需要具有忠告的资格。当然，朋友之间会互相给予忠告，上司也会对下属进行忠告和训诫。

但是，想要真正对他人进行忠告，忠告的人首先自己得行为端正，有丰富的社会经验及拥有人格魅力和内涵。这样，对方才会欣然接受忠告并进行反省。自己并不是很了不起的人物，却想要忠告他人，从听者的角度来讲，比起忠告，反而更像唠叨，不但会避而不听，有时甚至会反驳，严重的话，会说："你自己做好就行了，别多管闲事！"由此，给予忠告的人反而会得到这样的嘲讽。

一旦决定忠告他人，就要合理地、有条不紊地指出其问题所在，冷静地告知其改正的方向。如果不能如此，忠告反而会成为非为他人的事情。因此，当你一定要对某人进行忠告时，请留意以下几点内容。

★分清忠告的场合，不该说的时候千万别说。

★真心忠告，不要说假话。

★不要说粗话，要温柔地指出其错误。

★只说有意义的话语。

★不要用命令、指示的态度。比起忠告，给予指点会更好，不要单方面自说自话，要用征求同意式的对话。

★只说有问题的部分及从客观上来看有利于改正的事项，要抛掉指责对方性格和行为的想法。

有一种"三明治话语法"的忠告方式很有效果。下属失误时，上司突然提高嗓门、大发雷霆，进行指责的话，更容易产生反驳心理。因为一次小小的失误，这样伤自尊、伤面子，才会产生这样反驳的心理。

但上司又不能因此就轻意放过下属，因为会担忧下属反复犯错。此时，就需要“三明治话语法”。不要在所有职员面前公开地指出错误或进行忠告，而是尽可能地回避其他员工，单独地叫过来进行谈话。

首先要称赞下属的优点，之后，循序渐进，指出失误；同时，说明此失误带来的问题，轻柔地指责并给予忠告。然后，再次提起对方的优点，说：“你一定能做好！”像这样激励对方，就是“三明治话语法”。

“你一向诚实，我非常信任你。但这次的失误可不像你的作风。是不是最近身体不舒服啊？你认为这次失误的原因是什么？无论社长还是长务对你的期待都很高啊！以后要努力，不要再犯同样的错误。”

以这种方式指出问题，并进行忠告，听的人也不会太过受伤，并且会对自己的错误进行反省，下定决心以后要做得更好。

表达期望的文字信息

手机使用已经相当普遍了。据说我国手机普及的数量比我国人口的数量还多。有些人甚至出现没有手机就会非常不安，什么都做不了的“中毒”性现象。无论是小学生还是成年人，手机都成了必需品。在学生中，“手机中毒”现象更严重，特别是女生中毒者是男生的三倍多。

手机，特别是最近各种智能机的多样化功能，的确给我们的生活带来了极大的便利。手机最大的功能就是通话与短信。即使只使用短信，也能与朋友或亲近的人接收、发送各种联络事项及通知。

虽然会有一些毫无关系的垃圾短信，让人感到厌烦，但短信的优点还是很多的。即使是很难说出口的话也可以通过短信，传达自己的见解。

听说现在男女之间交往一段时间后，想要绝交的时候，也是用信息来传达的。

“我们到此为止吧！”这种难以启齿的话，可以通过短信来传达。虽然，在有些情况下情感交流必不可少，通过信息表达的主要意思，无法正确传达情感，会导致误会的产生。但，信息的应用给我们的生活带来了不可回避的帮助。例如，葬礼等情况，在过去要一一打电话进行通知，但最近却可以通过短信很快通知到位。

短信，特别是在人际关系中起着巨大的作用。所谓的人际关系，就是通过自己经常关心着对方的事来维持。几个月、几年也不联系一次，只在婚礼、葬礼自己需要的时候告知的话，对方就会感到不快。

所以，平时要维护好人际关系。但，大家都很忙，又不能每天都打电话。另外，现在虽然不是很亲密的关系，但却是以后需要维持良好关系的人，经常打电话，也会让人感到负担。此时，短信就是非常便利而又有效的方法。

虽是用短信进行问候，告知自己的现状，即使要忘记的人也会记起来，对方也会感激你对他的关心。有效地使用短信，对良好的人际关系的形成有着巨大的帮助。

对话中不要夹杂辱骂

我国语言中脏话特别多。根据某调查结果显示，脏话达到1700种。其他国家的脏话与我国相比，简直是小巫见大巫。达到这种程度，就不是个别脏话了，而是几乎每句话都可以说成脏话。

就连古时候的说唱、民谣、时调等，也毫无避讳地将粗俗的下流话唱出来，甚至有学者将我国的国民性与脏话连起来进行说明。从历史上来看，我国有如此之多的脏话是由于在严格的身份制度下，庶民对于自己的欲求不满，而将压抑的情感通过脏话释放出来的缘故。同时，还有一种民间习俗认为，越是珍贵的越是要随意对待，连名字也要起得粗鄙，这样才能长寿。所以，很多人的名字后才会加上狗屎、马粪等。

不知怎的，如今我们也使用了过多的脏话，脏话的种类也是多种多样。从小听着父母口无遮拦的脏话，所以在被父母责备时，也会反驳：“这崽子啊，这崽子啊。”

从小就对脏话特别熟悉，自然而然就会说出来。不仅如此，国民还形成了越是亲密，越要互相说脏话的错误意识。可能正是因此，大家都是将脏话挂在嘴边生活，而且越是亲近的关系，往往刚见面就使用脏话进行问候，几乎整个对话都贯穿着脏话。甚至自言自语，也是口中带粗。比如，开车过程中，某人突然插进来，吓了一跳时，会脱口而出：“不是，这××！”“那种像×的××！”这样不知不觉地嘴里暴粗口。就连听完上司的指责出来，还会边走边骂“哎哟，××！”与人发生争吵，引起是非时，也会脏话连篇。绝大多数人认为大声就会无条件胜利，所以都喜欢大声地脏话连篇。

古时候，一般身份低的人由于自己的情感被压抑或要求无法满足，所以通过脏话来发泄。当然，如今虽然没有身份的差异，但越是品味低下、人格低贱的人，越爱使用脏话。

曾是西班牙国王的查尔斯四世曾说："英语适合用来做生意，西班牙语适合用来敬拜神明。"真是非常好奇，他若听了我们的话，会作何感想？他会不会说，韩语词汇丰富，感情描述很多，适合用来骂人呢？而现在小学生、中高学生创造新脏话的事实让人堪忧。

根据脏话的使用目的，主要可以分为三大类：以攻击为目的的脏话；以净化情感为目的的脏话；为拉近亲密感使用的脏话。事实上，为拉近亲密感的脏话很难被认为是脏话。"这家伙！""这小子！""呀，妈的！"这些也属于脏话的范畴。

但是，朋友之间很难把这些话定义为脏话，只能说是脏话的形式而已。极为亲近的关系"莫逆之交"这话本身就没有任何粗陋的地方。朋友之间程度较轻的脏话起着凝聚双方情感，使其齐心协力的作用。

正如黑社会的人只要一开口就必定是脏话，以攻击为目的的脏话多数会发展成为暴力，所以这种脏话本身也就成了语言暴力。事实上，我们经常会提到"语言暴力"这个词。攻击性的脏话比挥起拳头使用的暴力更容易留下深刻的伤害。

以净化情感为目的的脏话，绝大部分是以自言自语的形式进行的。即使在对话中，也只会在心里默默地说或对方不在时嘟囔。虽然此类的脏话只是瞬间的、一时的，但不是为了从根本上消除压抑的情感。所以，这种脏话一旦突然爆发，就会转变为以攻击性为目的的脏话。

更糟的情况是，对方在时甜言蜜语，离开后便四处乱嚼舌头。这是真正的背后小人的行为，这种行为是伪善的、二重性的。所以虽然不清楚这种行为是否能让你感到一时的痛快，但在组织生活中，这种行为会造成负面影响。

最近，日本有这样一则消息：一家运输公司的老板对司机使用了语言暴力，遭到司机起诉。司机的心灵到底受到多大伤害，才会诉讼自己的老板?

生活中，想要完全杜绝脏话是一件很难的事情。但是，脏话是与一个人的人格相关的，所以要尽可能小心使用。另外，即使是同样的脏话，根据场合、语气等不同，有让人听起来感到浅薄、粗俗、毒辣、极端的脏话，也有让人听起来不那么别扭的脏话。即使不可避免地要说脏话，也要尽量控制自己脏话的程度，不要使用伤害性的、侮辱性的话语。

决定人格尺度的敬语与非敬语

我国语言中有敬语与非敬语两种不同的语言。所以，外国人学习我们的语言时，总会感到困难，并评价我国的语言让人为难。不仅是外国人，连我们国民本身也经常把这两种语言弄混。

一些话既不是完全的敬语，也不是完全的非敬语，而是各自参半或命令性的口气。

“喂，看一下这里！”

“好好做事！”

“给这儿倒点儿水！”

像“是吗”属于半敬语。“你管好自己吧”这种既不属于敬语又不属于非敬语的话，竟然还成了现在的流行语。

特别是现在的孩子或少年从小就使用非敬语，没有好好地学习过敬语的使用方法，所以会似是而非地使用。随心所欲地使用敬语，引发笑话的情况也很多。比如：

“老师，天气很好吧？”（注：韩语中主语为物时，不使用敬语。）

“爸爸，电话来了。”（主语为电话。）

“妈妈，好像要下雨了。”（主语为雨。）

如此等等。敬语用在人或人的情感行为上，他们却混沌地附着在事物上。敬语是用在比自己年长很多，或即使比自己年轻，但身份尊贵的人身上，以表达尊敬之意的词语。另外，敬语主要用在并不亲近的人、正式的对话、一个人面向多人讲话时，生意人面向顾客时也使用敬语。

非敬语通常是用在比自己年幼或比自己身份低的人、亲近的朋友、同龄人身上。不管是敬语还是非敬语，虽然都有不方便的地方，但也各具优点。放低自己，尊重他人的谦虚态度，能让自己成为一个彬彬有礼、行为端正的人。

比起敬语，还有随意使用非敬语的情况。认为自己身份比他人更为尊贵，就随意对年长的职员、部下说非敬语；或在食堂朝着服务员喊道：“呀，给我湿巾！”“为什么这么慢？”口无遮拦地随意大喊。因为自己稍微挣了点钱，就把自己当成大人物，使用粗俗的话语，对谁都大呼小叫。

夫妇之间使用非敬语的情况也很多。由于夫妻间丈夫一般比妻子年龄稍长些，所以，长期以来，丈夫就一直对妻子说着非敬语。比起这个原因，男女差别意识更占了主导地位，甚至会过分地对妻子喊道：“呀，你！（注：韩国人一般认为“你”是非敬语。）”如果夫妻间想要互相尊敬的话，各自都使用敬语比较好。

特别是现在，同龄人结婚的情况、夫妻间妻子年长的情况也很多。不知是不是由于不熟悉使用敬语的缘故，经常能看到他们互相“呀、咋、你”地随意使用非敬语的情况。好一点的说法是“亲爱的”。虽然没有什么关系比夫妻关系更为亲近，但互相使用敬语会让旁人看起来更为亲密。另外，不知是不是由于从小就受到父母的过度溺爱，即使完全成人之后，叫“妈妈”的男人很多。年龄四十的男人对母亲说：

“妈妈，我先走了。”

“妈妈，你过来一下。”

这样，听起来很是别扭，让人觉得这样的人还没有成熟起来。年轻人如果对敬语比较生疏的话，那就节制非敬语，全部使用敬语更好。

突显对方的优点

古希腊有一位很有名的独眼将军，他希望在去世前能够将自己的画像留存于世，所以召来了一些享有盛名的画家，让他们给自己画像。但是，将军对画家们的画像并不满意：一位画家照实画了画像，让将军心情烦躁；一位画家为了讨好将军，将他的双眼画得完好无缺，又让他心存不满。

这时，一位并不出名的年轻画家毛遂自荐，要来为将军画像。将军并没有对他抱有任何期待，但是由于没有满意的画像，就让他试着画一下。没过多久，画家完成了画像，拿给将军看时，将军无比满意。这位无名画家是怎样画独眼将军的呢？他画的是独眼将军的侧脸。由于画的是眼睛完好的那一侧，所以的确是将军的脸，但又没把独眼画出来。

看人时，像这样以不同的视角来看，是非常重要的。隐藏一个人的缺点，放大一个人的优点，才能让人心情愉悦。

这世上没有完美的人。无论是谁，都是既有优点也有缺点。看到对方的一个优点，就会不断挖掘出其他的优点；如果只是一味寻找对方的缺点，就会不断突出其缺点。当然，自己也是一样的。审视一下自己，也是满身缺点，却从来不懂得检点，只是一味指责他人缺点的人也很多。

即使是缺点，从不同的角度来看，也会出现很大程度的差异。比如，说一个人“过于严苛挑剔”，从听者的角度，很容易认为这是缺点。同时，有些人还会一点点儿去放大这种缺点，“严苛挑剔”、“一针扎不出一滴血”、“毫不留情的人”、“完全没有人情味的人”这样夸大下去。

但是，把“严苛挑剔”换成“细致周密”的话，就可以化缺点为优点。“那个人做事可是细致周密，一丝不苟啊”，“不知道有多么细致周密，如果让他做的话，可是放心多了”。像这样，缺点就转化成了优点。

笔者进行授课时，曾就优点和缺点做过问卷调查。当某人把自己的缺点称赞为优点时，最让人高兴与感动。这样回答的人很多。比起指责对方的缺点，寻找他们的优点，更能够改善人际关系。换个角度，把对方的缺点当成优点来看时，就真的能看到对方的优点。

自己认为是缺点的东西，别人却当成优点，这是多么让人愉悦的事情啊！当然会对这样说的人产生好感。这不就是皆大欢喜吗？对双方都好的事情，没有犹豫的必要，不是吗？孔子也讲过：

“君子求诸己，小人求诸人。”（君子严格要求自己，小人苛刻地要求别人）

这样说，自己是成为君子还是小人，都在于自己的行为。

与幸福和成功相约的幸运话

1. 可以

上天是不会去帮助说“我做不到”的人。德国大文豪歌德告诫我们，每个人都能创造奇迹。无论是什么，只要你相信，事情就会朝着你相信的方向发展。因为上天也会帮助相信自己的人。作为父母，要经常向孩子们传达“我能做到”这样的信息。

“我怎么做什么都是这副模样啊！”

“我实在不能让妈妈满意。”

“我就知道会这样，我能做好什么呢？”

从小听着这些话成长起来，那就真的什么也做不到，性格也很容易扭曲。

2. 将来

对于他人，特别是晚辈、青少年，要向他们传达“你能成功”这样积极的信息。世界著名物理学家爱因斯坦的母亲把刚挨完老师板子的儿子通红的小手放到嘴边，这样对他说：

“我亲爱的儿子，你拥有别人所没有的特殊才能。你一定会做出特别优秀的事情。”

因此，在学校成绩糟糕的爱因斯坦却成为了天才物理学家。

对于晚辈、子女，如果说：

“你就不该生下来。”

“你全身都是毛病。”

“你毫无希望。”

绝对不要说这样的话。

3. 肯定

无论是谁都希望获得他人的肯定，越是获得肯定的人，越是能够更好地发挥所长。一般来说，即使是看起来能力不足的人，也会有一样自己特有的才能。

有人学习不好但运动实力很强，有人运动不好但歌唱得好，无论是谁，都必然怀有一两种特别的才能。把自己的才能找出来，不断加以打磨，就一定能获得成功。所以，即使对方只有一点小小的能力，也要承认该能力的伟大。那么，对方就会找出自己的优点，发挥出自己隐藏的实力。

4. 激励

对这点，也是应该经常进行说明的。鼓励别人对自己毫无损害，也不会花费钱财，更不会损害自己的面子或人格。所以，不要吝惜你的鼓励。能够很好鼓励对方的人，身边就会聚集起很多人，就能让你编织成一个非常好的人际关系网。

5. 称赞

称赞分为两种，称赞到的与称赞不到位的。称赞得好，对方会获得勇气和力量，会做得更好，这就是激励。称赞得不好，结果往往适得其反。假如子女数学成绩得了70分，家长对孩子说：

“做得好！稍微再努力点的话，你会做得更好。”

因此，子女为了获得更好的成绩会更加努力。相反，你说：

“这是什么啊？才70分？其他孩子都是90分以上，甚至有拿满分的。你这是什么啊？为什么数学这么差？真丢人！”

如果是这样，孩子只会越来越讨厌数学，成绩只会越来越差。

6. 感恩

这是发明家爱迪生的故事。

有一天，他的研究所起火，一夜之间，研究所的一切全部化为了灰烬。就在职员们灰心丧气的时候，67岁的爱迪生这样说：

“我们错误的实验全都这样消失了！这次大火能让我们重新开始，我们应该对上天心怀感恩。”

即使对微小的事情，都怀有感恩之心的话，就会产生积极的思想。同时，事情也会像发生奇迹一样，很好地解决。不平、不满的人无论获得多大的利益，都不会懂得感恩，所以，才会变得更加贪婪，最终导致失败。要做到感恩，最重要的是自己的内心要平和。以平和、安稳、积极的心态去做事，事情就会变得很顺利。

7. 真实

“话语即想法，想法即话语。”听一个人说的话，就能大致推测出他在想什么。我们既可能从嘴里说出真言，也可能冒出假语。但是，假话一定会显现出来。想要打动对方的心，就一定要说从自己内心涌现出来的真言。假语即使能一时骗到对方，也不可能打动对方。要想得到自己想得到的，无论多么困难，都一定要说真话，只有这样，才能获得对方的信赖。

8. 是，不是

有一次，英国首相丘吉尔因为有急事，命令司机全速行驶。但是，在红灯信号前，司机停了下来。着急的丘吉尔环顾了一下周围，什么车辆都没有，就指示司机无视信号灯，直接行驶过去。忽然不知从哪儿冒出的警车追了上来，让丘吉尔的车停下来。丘吉尔没办法，只好向巡警表明了自己的身份。

“你好，我是丘吉尔。因为事情紧急，所以不得不闯了信号灯。这次就放过我吧！”

但是，交警严肃地说：

“不可能。你是假的。如果你真是丘吉尔，是不会闯红灯的。”

丘吉尔不得不低下头，承认违反了交通法。之后，丘吉尔指示将忠于职守的交警升职。但是，交警说他只是做了自己分内的事情，不能因此就得到提升，拒绝了他的好意。

有一句话叫作“Yes Man”。这是指对权利者、上级，无条件说“是”的人。这是最终毁了上级也毁了自己的行为。因为，这让双方都无法判断事情的正误。

比尔·盖茨的处事原则中就有一条：“绝对不使用‘Yes Man’。”他强调：“不需要Yes Man，要成为一个能与经营者讨论自己见解的人。”当自己的判断准确时，虽然想说“不是”，但为了上司的体面，对他阿谀附和，对不当的事也说“是”，或不敢说“不是”的人，是无法成功的。如果内心想的是“不是”，那么不管面对多么困难、对自己多么不利的状况，都断然地说“不”的人，才能获得最终真正的承认。

初次见面如何打开话题

主导氛围

男女初次见面时，通常会选一家不错的餐厅一起用餐。这时，绝大多数女子都会吃一点点儿，剩一些食物。因为女子深知，这样不仅能显得自己不贪吃、成熟，而且能刺激男人的保护本能。

另一方面，男人为了让对方看到自己强大的领导能力，一般都威风凛凛，积极地引导氛围，有时还会夸夸其谈、装腔作势。在过去，男性的这种行为很容易被女人接受，但如今，女人们并不买账。

不管怎样，男女初次见面时总会有一些虚假的行为，简单来讲，就是作秀。为了让对方更看好自己，比起展现自己真实的面貌，更倾向于演戏。虚假的态度并不是大家期望的，但是，初次见面时，还是有必要让自己成为一个临时演员。这是为了能更好地引导氛围。

初次对话时，由于关注点和话题不一，一不小心可能会引起尴尬，从而导致对话不顺利。如果对话断开，不但会使双方都陷入沉默，感到不舒服，女人通常会想快点离开这个位置。不管怎么样，对话还是男人主导比较好。因此，男人更需要演技。但也不能因此男人就要各种吹嘘甚至自言自语，这往往会造成初次约会失败。

首先，要营造好的氛围。不能提出一些陌生敏感的问题，让对方感到无聊、困惑或难以回答。

虽然现在关注体育的女人很多，但之前，女人们对体育几乎漠不关心。所以，搞砸对话的第一种对话就是体育话题。另外，因为男人都去过部队，所以以部队生活为自豪，并大放厥词的情况很多。这也是女生并不太关注的部分。所以，有这样一种幽默性的说法：“女生最讨厌的话题：军队生活、足球，最坏的是在军队里踢足球。”

小心地关注一下氛围，提一些女人感兴趣的话题，给她们能够说话的机会。比起炫耀自己在这方面的知识，更重要的是谈论自己的看法，倾听女生的观点，时不时地插入一些幽默性语言。这才是说话的技巧。

想要提高说话技巧，首先自己要知识面丰富。为此，读书量要大。但也不能像学者一样，对于一些有深度的专业知识，连外国专家的名字都搬出来，要尽可能符合对方的水准。

另外，对于自己不知道的要率直地承认，对话中要体现出自己的见解及真心。另外，比起威逼性的态度，丰富的情感表达更容易让对方沉浸在谈话氛围中。绝对不能拿出一些政治性问题，把自己搞得像个进步革新者一样，激动得不得了。最好能够回避政治、时事等问题。最好的对话是情感性的，能让对方感到舒适的对话。

留有想象

初次见面后，如果双方都有一定的好感，就可以互相交换电话号码继续约会。即使如此，一般女人也不会主动打电话给对方。男人先打电话才是一种礼貌性的行为。初次见面后，给女人几天自己判断的时间，再打电话，是一种礼仪。这样，自己也能判断女人对自己的反应。所以，不要为了做自认为是男人行为的事，就不管三七二十一地说：

“到六点为止出来。”

“在干嘛呢？你出来吧！”

用这样命令性的口气，被拒绝是很常见的事情。

最好这样说：

“感觉今天会下雪呢！突然想起你了，冒昧地给你打了个电话。”

“听着音乐，突然想你了。你觉得这音乐怎么样？是我很喜欢的音乐呢！”

像这样让对方稍许听一会儿音乐，营造能够继续谈下去的氛围，而不要急于求成地要求见面。

“每天都会想你，经常不自觉地想见你。”

这样说话、问候之后挂掉电话，会给女人留有想象的余地。女人也会更加想念对方。

之后，经常通话比较好。主要是向女人表达一下自己的问候，并可以在适当的时机、以合适的理由创造见面的机会。

“我打听到一家味道很好的餐厅。我什么时间都行，你什么时间有空呢？真的想见一下你。”

提出见面，说一些自己想要看的音乐剧或想看的电影，简单地说一下故事内容。

“你什么时候能抽出时间呢？告诉我，我来预约。”

以这种方式约女生出来，效果是相当好的。

先发制人

女人往往根据男人的性格来选择伴侣。优柔寡断、犹豫不决，总是想要依靠女人的男人非常不招女人喜欢。事实上，女人内心往往期盼男人占据主导性。

因此，一起吃饭的时候，如果不是第一次见面，不要总是问女生去哪种餐厅、点哪种料理，而是要积极主导。当然，偶尔也要询问一下女生的意见。

“我喜欢混合性食物，你呢？”

这样说出自己的想法，再询问对方的意见，大部分女人都会遵循男人的意见。不然，就告知自己的取向，喜欢韩式料理或是日式料理。“好啊，其实我并不太挑食。”

这样跟随女人的意见比较好。

到了餐厅，也不要拿着菜单犹豫不决，尽可能把女人喜欢的菜肴记在心上。

“我喜欢拌饭，你呢？”

这样，如果女人能随着你的喜欢，当然很好；如果不喜欢，你也可以重新调整。这样先发制人，渐渐掌握主导权，在男女交往中效果会更好。

初次见面和前几次见面，积极说话比较好。这样，可以告诉对方自己属于积极的人，总是带有积极的想法。消极的话，批判世界的话，在背后诽谤他人的话，往往会让女人失望。有时，对方会认为你的性格扭曲，从而感到不安或对你产生警备，最终破坏相互间的关系。

为成功交往说的话

首先，男女能够成功交往的重点在于有优质对话。其中，自信心是第一要素。即使自己的外貌或家庭条件等有些不足，但自信满满的交谈会弥补你的缺陷，让你魅力十足。

其次，在对话中，需要认可对方。如果对方隐约感到你站在高人一等的位置上，以优势性的姿态对待自己，那这次对话无疑是失败的。即使对方压低自己，谈论自己的不足之处，也不要表现出心寒、无视或嘲弄的态度，反而要称赞其谦虚，并加以鼓励，这样才能为自己加分。

另外，对话时要避免纷争。但也无须因此就无条件赞成对方的意见，附和对方的行为，这样反而会带来逆反效果。即使双方的意见稍有偏差，也要尊重并认可对方的见解。特别要注意，无论什么样的主题，什么样的状况，要对对方宽容，不可有极端的表达。除此之外，成功交往的其他要领如下：

★不说消极的话。

★不要泄露他人的秘密或诽谤他人。

★给予对方说话的机会，调整说话的速度。

★说真话，话语与行为一致。

★绝对不说会伤到对方自尊心的话。

★满怀自信，温柔表达。

★使用积极的、幽默的、健康的笑话。

★总是关心对方的立场。

★说符合时宜的话。

★即使对方发火，也不要和对方发生正面冲突，要宽容地接受。

第 5 章

话语是打开人生的钥匙

人通过话语来评价对方的品行。无论是否愿意，你说的话都如同在对方面前刻画自我肖像。

——爱默生

像孩子一样生活

孩子单纯可爱、天真浪漫，具有人类最本真的特性。他们不加修饰地表现自我，依据内心的需求，随心所欲，忘我而行。因此，孩子的情感指数、EQ都很高。然而，精神疾患中有一种疾病叫作“童年丧失症”。这种疾病产生的原因在于，个体成长之后，逐渐丧失了孩子的生活本能，想哭的时候不能哭，想笑的时候不能笑，想玩的时候不能玩，最终导致精神异常，严重时甚至导致人性丧失。

孩子不仅情感指数高，还具有沉浸于当前状况的特征。比如，孩子们在一起玩耍时，无论旁边发生什么事情，也毫不在意，只顾自己，非常投入。虽然他们也会突然相互打架，但没过多久，又嘻嘻哈哈地玩起来，对刚发生的事情不会耿耿于怀，也正因为如此，才会更加投入到当前的状况中。

在生活中，我们要像孩子一样，活在当下，专注今天。哲学家尼采是一位积极评价生活的哲学家。他认为，积极的生活是选择自己乐于做的事情，并集中于此，全身心地投入。真心接受自己的命运，无论是好还是坏。

如果能像孩子一样对待生活，我们就能成为“超人”。真正享受自己所做的事情的人，即使重复百遍、千遍甚至上万遍，也会始终忠于自己的选择，哪怕拥有一次重新选择的机会，也不会有所改变。不能享受自己所做的事情，并对此感到恐慌，还不如马上放弃，重新寻找乐意为之的事情。怎样的世界能让你无怨无悔地生活一生？那就是可以让你做自己喜欢做的事情，能让你快乐生活的世界。细想一下，你现在是否生活在这样的世界，正做着你喜欢的事情，享受着你现在的生活？

无法原谅的三件事

无法原谅他人，就等于无法原谅自己。为什么这样说呢？细想一下你不能原谅他人的原因：内心深处，是否感到被对方深深伤害？是否因此伤害对现在的生活感到惴惴不安，始终无法平复心情？但你越是憎恶这个人，你的心结越难打开，无时无刻不在为此饱受煎熬。因此，想要找回平常心，就需要选择原谅，原谅那个让你感到憎恶、感到愤怒的对象。原谅并不是为了取悦他人，而是为了成全自己。

但即使能够原谅他人，也绝对不能原谅自己的事情，有这样三件：

第一，蹉跎岁月，浪费人生，将宝贵的时间浪费在对人生毫无意义的、消耗能量的事情上。这是不能原谅的。我们要对这样的自己感到愤怒，感到失望，并要努力改变这种状态，发奋图强。

第二，把生活搞得毫无乐趣。我们来到世上，是为了享受生活，并通过这个世界，学习许多自己不了解的知识。倘若学生讨厌上学，偏执地认为学习毫无乐趣，又怎能获得优异的成绩呢？而现实世界的残酷在于，没有优异的成绩，就无法进入高等学府、一流学校，最终只是动摇自己的人生，为未来设置重重障碍。

又比如，职场人讨厌自己的公司，讨厌上班，讨厌自己所负责的工作。结果，这样的人必定会被赶出公司，而且无论进入哪个公司，做什么样的工作，都不会有好的结果。最终只能把自己推向失业者大军，把自己的人生搞得乱七八糟。而且，这样的人，即使成婚，家庭也会破碎。因此，把生活搞得毫无乐趣是绝对不能原谅的行为。

第三，不懂得珍爱自己。无论是谁，都是自己人生舞台上的主角，没有人可以替代你的位置。自己就是这个小世界的中心。自爱、利己心、个性、自尊心等，都是以自我为中心产生的。一个不懂得珍爱自己的人，就等于承认自己的存在毫无价值，这能被原谅吗？

珍爱自己，努力让生活向好的方向转变，让自己不断走向成功，努力去追求幸福的人生。不懂得爱惜自己的人，往往会产生虐待自己、残害自己的消极行为。因此，不珍爱自己是绝对不能被原谅的事情。

打破界限，才能无止境地勇攀高峰

一位心理学家用几只跳蚤进行试验，想了解它们的跳跃高度。通过试验，他发现所有的跳蚤都能跳跃20厘米，有些甚至能高达30厘米。他挑选出跳得较高的跳蚤，把它们放在只有7～8厘米高度的玻璃瓶中，并盖上瓶盖。

跳蚤们在玻璃瓶中争相跳跃，但由于触碰到瓶盖，只能跳到瓶的内高顶端。不久后，心理学家将瓶盖拿掉，并预想此次跳蚤们应该能够轻而易举地跳出来。结果却大大出乎了他的意料，跳蚤的跳跃能力迅速降低，只能达到7～8厘米，始终无法从玻璃瓶中跳出来。跳蚤被关在玻璃瓶这段期间，跳跃能力骤降。

人的能力同样有极限。人类不仅拥有像跑步这种体力方面的极限，还拥有无限的潜能，每个人都是未知的潜力股。然而，拥有如此优势的人类，却有着自我设置极限的习性。

现在，如果问小学生，“将来想做什么？”绝大多数孩子选择的答案是教师、公务员等。与其说这种思想是错误的，不如说孩子们过低地估算了自己的能力，设置了自己的极限值，从而选择了这种相对安稳的职业。正如原本可以跳跃20～30厘米的跳蚤，被关入瓶中后，它们的认知被改变为只能够跳跃7～8厘米一样，这是在给自己制造壁垒。

梦想、目标、将来的希望，应当远大宏伟。因为，在成长的道路上，在一路与残酷的现实相互碰撞中，人们会逐渐将自己的极限降低，并对生活妥协。但是，假如从一开始，就设定了较低的界限，就无法达到更高的境地。不管是孩子、青年、还是成年人，都要学会打破自己设置的壁垒。只有打破界限，才能发挥出潜能，毫无阻碍地向更高的目标前进。这其实与积极的思想不谋而合。因此，要时常提醒自己“我能做到”。

界限是如何造成的

尽管人类是一种伟大的存在，但仔细推敲，人类其实也非常脆弱。我们遥远的太古祖先，不过是很小的类人猿。他们不像狮子、金钱豹、鬣狗等食肉动物那样强大，反而是被它们享用的猎物。因为害怕这些食肉动物的伤害，他们不得不远离地面，与猴类一起生活在树上。即使鼓足勇气，从树上下来寻找食物，为了警戒食肉类动物，他们一般也只选择在白天来到地面，晚上再次回到树上。

但是，人类的祖先与其他动物相比，有两个优秀的地方。他们因为能够使用工具，逐渐将工具转变成了武器。

在不靠近食肉动物或身躯较大的动物的基础上，学会从远处投掷利器，就能将其杀死。产生自信后，他们便脱离了依靠树木生活的日子，完完全全来到地面生活。

另外，人类还具有另外一个优点。这是无法在动物身上找到的，即挑战欲。绝大部分动物都拥有栖息地，并只在该地方进行繁衍生息。但我们远古的祖先，不会长期停留在一个地方，为了找寻食物，他们会不断地寻找新的大陆，不断迁徙。正因为如此，在非洲发源的人类祖先最终才能够在新大陆扩张出去。人类拥有的体力极限、能力极限，都是以挑战精神打破的。

今天的我们是怎样的呢？依旧不过是脆弱的生物学动物而已。相比那些体格大、力量大、速度快的动物，我们依然望尘莫及。但我们拥有从祖先那里遗传下来的卓越的头脑及激昂的挑战力。

对于我们而言，只要发挥好这天生的能力，就没有什么界限可言。但事实是，我们并不能很好地发挥它，这是为什么呢？瑞士著名哲学家及精神学家荣格这样说道：

“人类在感到某种极限时，至少会产生三种心理现象。”

第一，“不安感”。当压力达到在体力上无法承担的界限或断定自己不具备要求的某种能力时，我们会产生不安感。

“我做不了。”

“我的能力只能到此了。”

“你到底想让我怎么样？”

像这样说着，人们会惴惴不安地自己打消念头。

第二，“压迫感”。达到自己判断的某个界限时，会感到胸闷，仿佛有什么东西紧紧地压在心口上。如果我一个手能够举起10千克的重物，即使让我举起11千克，也会感到分量重了很多。因此，才会失去勇气，感到压力。

第三，“孤独感”。当压力达到一定的极限时，我们会感到孤独。如果此时有人能拉自己一把，当然是最好不过了。但一想到无论如何都需要自己跨越瓶颈，突破极限，孤独感就会油然而生。

“我不行。”

“我一个人怎么可能完成呢？”

“我做不下去了。”

人们会不自觉地产生这样的想法。失败时也同样如此。在生活中，即使再成双结对，自己总要对自己的行为与结果负责。不管有怎样的理由，失败时，我们都会有整个世界只有自己的那份孤独感。

从结果上来看，如果无法克服荣格所提出的不安感、压迫感、孤独感，就无法打破极限。那么，产生这三种心理现象的原因是什么呢？正是因为存在某种极限。那么这“极限”的标准又是什么呢？

极限的标准并不是别人定下来的，而是自己制造并感受到的，因此对每个人而言都是不一样的。自己制造极限，自己为自己砌上围墙。也就是说，是自己阻挡了前行的脚步。

人类远古的祖先以智慧及毅力打破了自己的界限，我们是遗传了祖先优秀基因的人类。无论自己给自己设定了多大的障碍，只要勇敢，就都能够打破。不要怀疑自己的能力，更不要堆积消极的厚重的壁垒。要明白，你是具有无限潜在能力的人。

果断挑战

一家非常爱惜子嗣的长房媳妇生了儿子。满心欢喜的媳妇产后调理尚未结束，就经历了非常荒唐的事情。婆婆在给出生还没多久的，自己的儿子，也就是她的孙子喂奶。那天晚上，媳妇无可奈何地向丈夫诉说道：

“那个，婆婆在给我们儿子喝奶呢！我又不是不产奶，她这是在干什么呀？你跟婆婆说说看，让她别再喂奶了。”

但是，一向是妈妈的baby（凡事都听母亲话的人）的丈夫实在是无法向母亲开口。媳妇很郁闷，想要在网络诉说的她，这里看看那里找找，偶然发现了一个幼儿商谈网站，便向网站的咨询师一五一十都倾诉了出来。没想到，马上收到了出人意料的回答：

“那就与她干一架吧！ㅋㅋㅋ（微笑）。”

事实上，生活中，我们总会与某些事物想去相互碰撞、冲突。无论多么努力都没有结果的时候，便会感到达到极限。特别是某件事情失败后，对于自己的能力会更加感到失望。另外，在出现自己完全没有预料到的、莫名其妙的结果时，也会感到自己已达到极限点。

当然，也有无法完成的极限。如果要求小学生拥有像大学生一样的实力，那就只有神童能做到了。要求看不见的人士成为田径选手，这是绝不可能的事情。无论是谁，都没有办法突破这种极限。

但是，完全可以克服的极限却无法打破，就会产生问题。正如前面所说的，以消极的想法过低评价自己，还没有尝试过就认定“我做不到”，这样是不能提倡的。

运动选手就是真正打破极限的人。作为人类，曾被认为很难越过的极限有10秒内跑100米，这个极限已被打破。即使如此，尤塞恩·博尔特还是在不断挑战新的极限。

曾在1960年罗马奥林匹克田径赛上获得三冠王（100米、200米、400米接力）的美国女子田径选手威尔玛·鲁道夫，与贝利一起将巴西足球推到鼎盛期的加林查，都是在小时候战胜过小儿麻痹症的人物。他们克服了常人难以想象的极限。

是否能越过极限取决于自己的精神状态。只要以积极的思想，满怀自信，果敢地挑战自己感受到的极限，那么，就能打破自己堆砌的围墙，发挥出自己想都不敢想的实力，让别人对自己刮目相看。

寻找倾翻点，翻越人生障碍

倾翻点

大部分人都有过这样的经历：当杯中灌到90%的水后，剩下10%的空间，会一点点小心倒入。不久，杯子会被水装满，达到杯子的临界点。之后，即使只加一滴水，水也会从杯中溢出。此时，这小小的一滴水，却让杯子达到了它的极限值。

这一滴水带来的巨大变化，就是“倾翻点”。倾翻点原本是物理学用语。99℃的水和100℃的水仅一度之差，性质却发生了天翻地覆的变化。99℃的水向上提高一度，就开始从液体变为气体状态。像这样打破均衡，引起极端变化的开始点，就是倾翻点。越过倾翻点，物质就会变成其他状态。

虽然倾翻点主要用于物理学，但如今，作为社会用语使用的情况反而更多。近来，马尔科姆·格拉德威尔写的《倾翻点》这本书畅销全世界，使得该词语流传更为广泛。它经常使用在因为极小的变化却引发了爆炸性瞬间的情况。

每个人的极限点也是如此。只要找到倾翻点，就能越过极限之墙。要发挥能够在瞬间改变自己，产生飞跃性变化的能力，找到开启巨大潜能的钥匙。即使是思想消极的人，只要找到开启这种契机的钥匙，就能在瞬间转变为积极的思想。

破脱

我们把暂时从日常生活中脱离出来，称为离脱。从日常生活中摆脱出来，追逐赌博或毒品这种“快乐”，分明会产生巨大的问题；但如果只是暂时离开压抑的生活，却能让人获得新的活力。

破脱是比离脱更为积极的行为。简单来讲，这算不算一种自我破坏呢？正如儒雅的演员进行花哨的装扮，以喜剧角色站在观众面前，逗他们笑的时候，就会破坏自己常规的行为。更准确地讲，破脱是指破格地摆脱惯例、格式、行为，或从特定的环境中离脱，也可以是从自己设定的规范极限中跳出来的行为。破脱是可以称之为打开对方心灵，提高人际关系的技术，将自己提高到新阶段的行为。

如果认为什么事物正与自己的极限相碰撞，感到前路阻塞，无法继续前行时，果敢地从自己制定的受苦受累的规范或生活中摆脱出来，就能开始新的思考。其他人也能从对自己的固有观念中摆脱出来，重新对你进行评价。“哇，你还有这么一面？真是太让我意外了。”

因此，通过破脱，往往能够收到这样的评价。这就是进行自我改变的一个契机。

不要害怕

前面部分对害怕进行过反复说明。害怕的理由多种多样，但害怕的对象大致可以分为以下几项，现在为大家一一整理出来。

最大的害怕对象是看不见的事物。正如害怕走夜路一样，对于未来的不确定性、对于成功的不确认性等，对自己所期待的事物感到希望渺茫，没有自信、也没有能力时，就会感到害怕。

这种害怕，其实就像用灯光照亮黑暗的道路一样，只要将不确定性转变为确定性，害怕就会消失得一干二净。如同使用探照灯一样，将自己的未来照亮，害怕便会消失，自信便会产生。只要对没有信心的、感到可疑的事情加以确信即可。拥有“我能做到”这种坚定的信念，那么每个人都能成功。

不要对自己的前途感到害怕。无论是刮着暴风雪的夜路，还是被浓雾掩盖的小道，只要自己有到达目的地的信心，并集中注意力、安全驾驶，就一定能平安到达。但如果被眼前的状况吓倒，惊慌失措，东倒西歪驾驶的话，就会感到害怕。如果对自己所做的事充满信心并集中注意力，就能逐步走向成功。“Yes， I can！”不必害怕。

还有一种是有关后悔的害怕。后悔分为两种，即，对于经历过的事及未经历过的事感到害怕。对经历过的事感到害怕，必然是由于发生过的场景还深深地刻印在脑海中。渔夫在暴风雨的日子，乘船出海，差点命丧大海。那么以后，他就不会再在暴风雨天出海，即使下次依旧在这种天气出海，也会比之前做好更全面的准备。

然而，对于未经历过的事物感到害怕，便毫无办法。无论是谁，都会感受到来自未知世界、陌生环境及不了解的事物的害怕。虽然这是一种冒险，一种挑战，但对于人类而言，因挑战欲获得的成功，了解到的未知事实，会让我们感受到前所未有的自信和喜悦。而且，这会让我们成为某个事业、领域的开拓者、创造人。这种冒险，随之而来的是巨大的代价或无与伦比的成功。勇于挑战的人会打破这极限之墙，获得巨大的成就感。不要害怕，要勇于挑战。只有挑战，才能获得新的、让人惊喜的、巨大的回报。

之后是对于失败的害怕。事实上，谁都有“如果失败了怎么办”这样的担心。但事情往往不是因为失败了而害怕，而是因为害怕导致了失败。我们最为耳熟能详的名言就是“失败乃成功之母”。没有经历过失败，又怎能获得真正的成功呢？所以，“成功的要素”中，也包含失败。也就是说，倘若一个人惧怕失败，便很难获得成功。

然而，因为害怕失败，就变得消极，总是被消极的想法包围，失去了自信，就会真的失败。只有把失败当成成功的阶梯，拿出不惧失败的勇气及信念，才能很战胜困难。惧怕失败才是人生真正的失败。

自我形象与自我成功机制

自我形象

之前介绍过的美国麦斯威尔·玛尔兹博士，是世界著名的成功与自我开发的权威人士。他是整形外科的医生，却认为，对于那些想要积极改变人生的人们，最需要的不是改变外貌的手术，而是精神整形手术。

他为了将自己的见解告知更多的人，写了一本名为《成功发展》的书。这本书在全世界卖了三千万本，被称之为自我开发类书籍的源泉。玛尔兹博士对于可能的成功，分析了其内在的两大“兵器”，那就是“自我形象”及“自动成功机制”。

首先来看一下“自我形象”。

简单来讲，“自我形象”指自己内在的精神构想或画面形象等，即自己认为自己是怎样的一种人。比如，有些人认为自己毅然决然；有些人认为自己优柔寡断，比较软弱。但重要的是，一个人的成功与失败，整体上来讲，是依存于个体的自我形象，并被此左右。

个体的想法及情感，话语与行动，能力和活动等自我形象是高度统一的。没有自我形象的行为或想法，难以获得成功。而与自我形象相反的行为则很难做到，即使做出与自我形象相反的行为，也无法坚持多久，只是三日决心而已。

比如，认为自己是没有数学天分的学生，在数学上就很难获得优异的成绩，会说："为什么我什么都做不好？"

这样思考的人，真的会只发生不好的事情。那么，如何塑造自我形象呢？普遍来讲，自我形象在别人对于自己的态度，特别是在小时候的经历影响下，无意识形成的情况很多。所以，积极的自我形象，要从小植入，这很重要。虽然为了学历进行学习也很重要，但是为了获得积极的自我形象而进行的教育更为重要。

然而，成人后，形成积极的自我形象很难吗？并非一定如此。即使是小时候已经形成的自我形象，在成人后还是可以加以改变的。简而言之，就是克服自卑。自卑不是依存他人而造成的，而是自己造成的，所以要想改变也只能依靠自己。如果一个人有自卑心理，无论怎样艰难，都要积极努力，从中摆脱出来。

最为简单的方法就是，大量阅读成功人士的生平。不是像读小说一样随便地翻阅，而是通过精读，彻底分析该人物成功的因素并进行研究。特别是要找寻与自己情况相似的人物，作为榜样，将其所有的相关资料都剪贴起来。

另外，不要只把心思放在他成功的结果上，而是要把握他成功的整个过程。要仔细观察他是如何思考、如何努力、如何行动、如何说话的，从改变自己的说话习惯开始。

自卑感强烈的人，说话不自信，容易对自己产生怀疑。而成功的人却往往与之相反。即使是下意识地经常使用确信的语调，说一些自信的话、积极乐观的话，自己也能感受到自卑在慢慢消失。

自我成功机制

下面一项是“自我成功机制”。所有生命的存在都拥有创造者赋予的自动引导装置。也就是说，当我们在成功、富有、幸福、创造等方面产生相关问题时，能够自我解决问题。

实际上，即使有些问题，我们自认为不可能完成，但也发生过在不知不觉间做到的情况。我们的大脑和神经机制拥有自我指向目标的鱼雷或火箭似的追踪目标机制。热情的人能够自动开启这种机制。

最终，我们遇见的一切问题都能迎刃而解，差异只在于该自动诱导装置是否能被很好地开启。不管多么卓越、尖端的武器，如果不懂得使用方法，也不过是一堆废物而已。虽然我们每个人都拥有这样的能力，但并非每个人都能灵活运用，这也是大多数人无法成功的原因。

最重要的是树立清晰明确的目标。只有设定清晰而又具体的目标，并对其进行高效的管理，自动诱导装置才能开启，瞄准目标，发射“火箭”。同时，要遵守以下原则。

1. 设定目标。把模糊概念逐渐转变清晰。

2. 确信自己能够圆满地启动指向内在目标的自动机制，并最终命中目标。

3. 放松。惧怕失误，反而什么也做不好。

4. 进行练习。忘记过去的失误，只记忆成功时的反应。

5. 实践。在成功之前，决不可以停止或向后推迟行动，就像能够成功一样行动。

为了成功，为了达到目标，就必须付出同等的努力。目标越大，所需的努力也越多。静静地坐在柿子树下，消极地等待柿子掉下来的行为，是无法获得内心所需求的东西的。只有爬上柿子树，才能摘到芳香甘甜的果实。也就是说，需要一定程度的热情与积极性。

时常利用想象力。想象力是激发自动机制相当优秀的工具。发挥想象力，提前预想一下，当你成功的时候，就像在写自传或成功记一样，将自己成功的过程，自己说的话、自己的行为和思想等编成故事，一一道来。

之后，要扔掉对自己的错误认知。这是与自我形象密切相关的，换句话来说，就是要改变错误的自我形象。

“我都40岁了，这个年龄还能重新开始什么啊？”

“我没有那样的能力。”

“这个，我怎么可能做到呢？”

这些想法就是对自己的错误认知。

这种人并不知道自己内在拥有可以作为“武器”的自动成功机制，或抛弃了使用的想法。这种自卑感浓重的人，不妨先问问自己：“我为什么认为自己做不到？我为什么认为自己无法成功？”这样反复对自己提问，并写下心中的答案。

对照答案，逐个写下积极的应对方案。之后，再设定目标，将目标与应对方案衔接起来。这样，便会逐渐感到自己在发动内部的自我成功机制。在此阶段，勇气至关重要。如果没有勇气与积极性，这些想法就只能是纸上谈兵。准备好具体的实践方案，并有将此付诸实践的勇气，是绝对必要的。造成失败的一个重要原因往往在于过于执迷于结果。

想要成为富人的人如果不进行具体的实践，只是在头脑中想象数百亿、数千亿，那他怎么能成功呢？

现代集团的郑周永会长是这样回答学生提出的“您是如何成为我国最富有的人的”这个问题的：“一步一个脚印，一路走来，不知不觉中，就这样了。”

第一位征服世界第一高峰珠穆朗玛峰的新西兰人埃德蒙·希拉里，也有类似的回答：

“一步步向着山顶前进，就这样到达山顶了。”

只有像这样，一步一步、一个阶段一个阶段进行实践的人，才能得到自己想要的结果。

最后，成功与幸福常被认为是一种精神上的习惯。目标明确的人，绝不会不幸。因为拥有明确的目标，这本身就是一件幸福的事情。当一个人的头脑中只想着自己的目标时，就会不自觉地自信满满地说话与行动。

再次强调一遍：

“话语即想法，想法即话语。”

的确如此。话语出自于想法。话语艺术的价值取决于自己拥有怎样的想法。

要想成功

在演讲上得“以命相博”，

能活用演讲力量的各条准则。